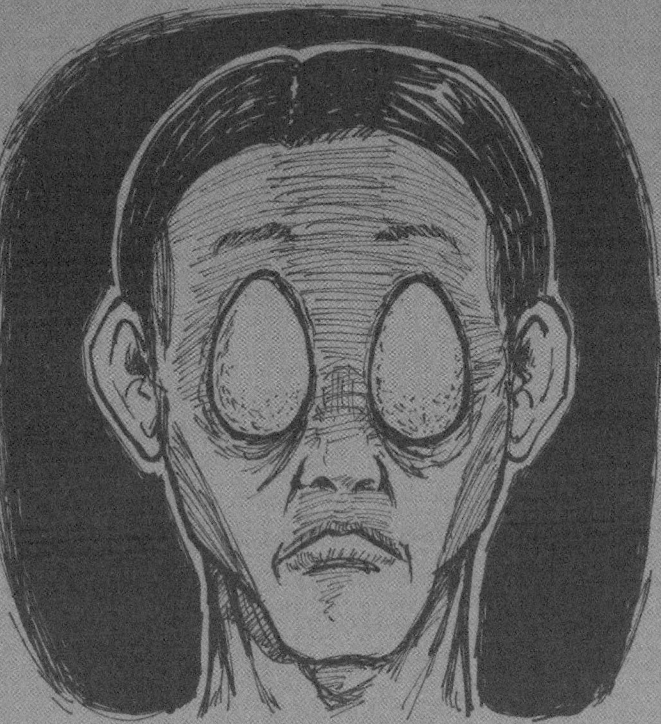

澎湖怪談妖獸多?!

望安傳奇

——在地採集實錄

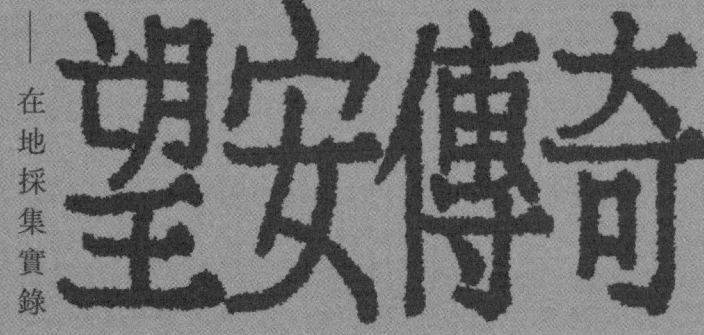

作者 陳朝虹 插畫 羅宜凡

致謝

作者 陳朝虹

這本書之所以能面世，首先我想感謝「新復興號」商店的許清源老闆，當年，一群年輕人在商店門口聊天，老闆先說起他在望安遇到的鬼故事，眾人也紛紛說起在望安遇鬼經歷，老闆說：「陳朝虹你那麼會寫，不然你把這些故事寫下來」，我才意識到，望安就是鬼多、綠蠵龜多，綠蠵龜已經有人在做研究了，但鬼沒有，於是我將這些鬼故事搜集、訪問、彙整。

其次要感謝陳藍罔腰阿嬤，她是望安在地的助產士，因為過去望安沒有醫院，也沒有婦產科，阿嬤曾說起一個親身經歷，是遇到一個難產過世的年輕婦女鬼魂，那位婦女的墳墓至今仍在。

感謝許陳烏秀阿嬤，她跟我分享親身故事時，說她一輩子只跟我一個人提起這個鬼故事。在跟我分享故事後四十天，九十歲的她就無病無痛過世了。

我也要特別感謝林昭宏警察，他出身馬公，在望安水垵村當警察。由於水垵村大多只剩下老人居住或早就空無一人的古厝，林警察在巡邏、訪視老人家之餘，也訪問這些阿公阿嬤，前後協助採集了二十多個故事給我。

感謝我的親姐姐陳麗娟，她在望安航空站上班，從外地來的同事都住在航空站宿舍，她提到很多同事曾在宿舍遇到鬼。此地原本是中社村亂葬崗，建造航空站後，亂葬崗才遷走，因此航空站有很多鬼故事。

望安傳奇——在地採集實錄

輯一●路上遇鬼（上）

輯二●路上遇鬼（下）

輯三 ● 海域有鬼

輯四●屋內鬼

輯五●妖．精．怪

輯六●濱海奇談

後記

① 水垵港

② 埔船垵漁港

③ 水垵宮

④ 水垵沙灘

⑤ 水垵社區活動中心

⑥ 天台山

⑦ 鴛鴦窟｜藏軍洞

⑧ 風門山

⑨ 五府千歲廟

⑩ 花宅聚落

⑪ 布袋灣

⑫ 望安機場

⑬ 鯉魚山

⑭ 西安水庫

⑮ 澎湖縣立望安國民中學

⑯ 土地公漁港沙灘

⑰ 長瀨仔沙灘

⑱ 望安天后宮

⑲ 西安社區活動中心

⑳ 望安吳府宮

㉑ 澎湖縣望安鄉公所

㉒ 澎湖縣政府警察局望安分局暨東垵派出所

㉓ 網垵口沙灘／望安島綠蠵龜產卵棲地保護區

㉔ 仙史宮

㉕ 望安潭門港

㉖ 望安郵局澎湖 3 支局

㉗ 台灣電力公司 望安發電廠

㉘ 湖縣農民望安超市

㉙ 望安鄉第一公墓納骨塔

㉚ 萬善宮

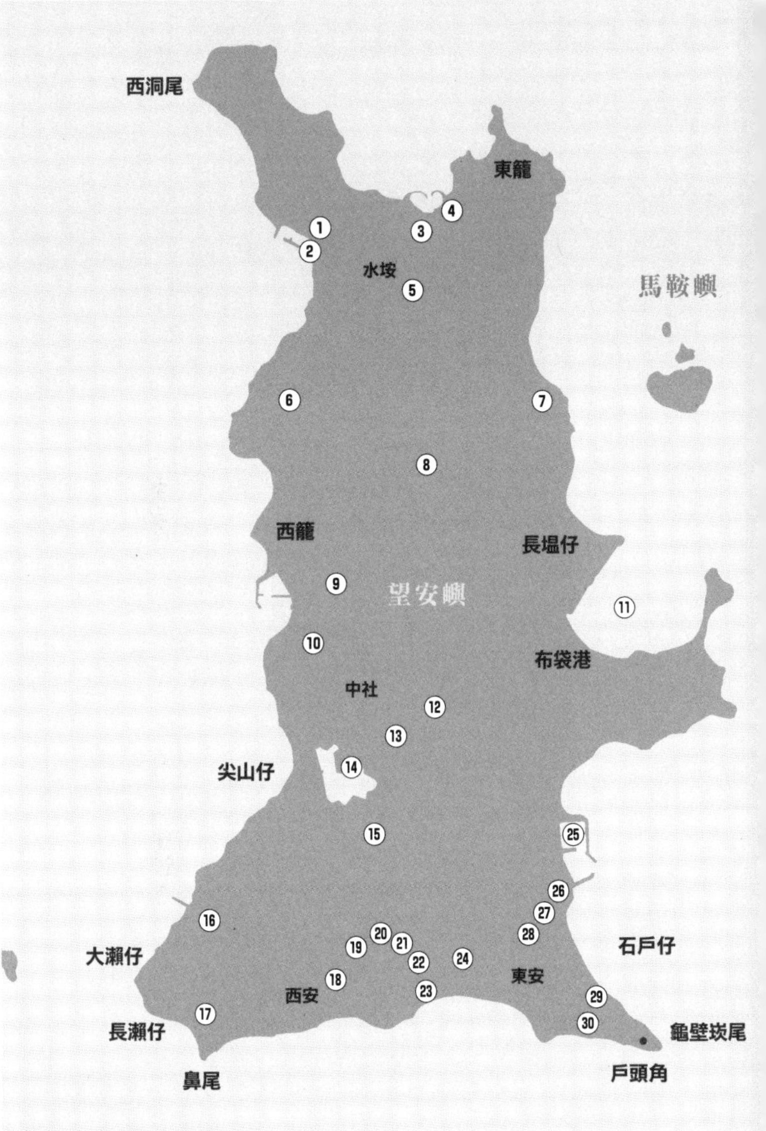
西洞尾
東籠
水垵
馬鞍嶼
西籠
長塭仔
望安嶼
布袋港
中社
尖山仔
石戶仔
大瀨仔
西安
東安
長瀨仔
龜壁崁尾
鼻尾
戶頭角

輯一●路上遇鬼（上）

那個女孩

採訪時間——民國90年5月30日
講述者——吳德義，當事人，60歲

民國五十三年，現西安水庫（澎三十四號道路）附近，由望安國中至中社社區途中，不管晴天或夜幕，經常出現一位十歲左右、身穿卡其衣服的短髮小女孩在路旁攔車：「載我去看醫生……」

民國六十年，西安村民吳德義從外地返回故鄉，從事三輪車載運工作。有一天中午約十一時許，吳德義由中社返回西安途中，就在尖山仔旁遇見那名小女孩攔住他的三輪車：「叔叔，載我去找醫生」，話音剛落，吳德義便見那原本清秀可愛的小女孩一下子滿臉是血，頭皮往上掀開，血流滿面，約停留十秒鐘後消失。

民國七十一年夏天，本鄉衛生所主任許鴻輝先生騎一台鈴木機車到中社看診，車至水庫旁，機車忽然打空轉，感覺有人拉住車子，正當準備停下車查看，回頭瞧見一位十歲左右的小女孩拉住車子，還不及詢問，小女孩便開口道：「醫生，請幫我擦藥。」許主任看她滿臉是血，馬上示意：「好。」結果話一說出，那小女生不見了。

筆者注：「那十歲小女生，中社人，民國五十年在上學途中被軍用小卡車撞死。民國八十年，其父親已將她招魂歸位，此後是否再發生，還請各位看倌仔細觀來。」

推車

採訪時間——民國90年6月21日
講述者——陳藍罔腰，當事者老婆，79歲

民國四十五年夏夜，望安島上約有一百多人至網垵口沙灘牽罟註❶。那一夜收穫很多，船東將一部分送給參與的村民，自己獨得一萬多斤的花神魚，並將一萬斤賣給水垵村王姓魚販。

凌晨許，東安村民陳定杉（阿坤）父親，受僱主所託用二輪牛車載著一簍一簍的花神魚至水垵魚灶註❷。當滿載漁獲的牛車，搖搖晃晃經過潭門港的布袋崎頂處，由於車上魚量太重，半夜牛又不太喜歡走，再加上爬坡，頓時人、車幾乎無法前進。阿坤父親躊躇停車卸魚簍時，忽然牛車又動了，而且走得很平順，牛隻似乎並不大用力，阿坤父親遲疑一下，回頭一探，車後竟有四、五人推著車，且看見阿坤父親回頭張望，馬上舉手招呼說：「快推！一上坡就好走了。」

阿坤父親定睛一望，唉呦！牛車後面的朋友全部雙腳離地三吋，原來是一群好兄弟在幫忙推牛車。上坡後，待回頭謝謝他們幫忙時，兄弟早已不見了。

隔天夜裡，阿坤父親帶了一些供品與冥紙到至昨夜位置祭祀，並向四周喊道：「謝謝！」

唉呦！空氣中竟也撂下一句：「免客氣！」

編註（本書除故事後的作者眉批以「筆者注」標示外，另有作者註，皆以「註」標示；編輯註則以「編註」標示，特此說明。）

❶ 牽罟：以「地曳網」為網具，集結眾人力量將漁獲拖上岸，為古老的捕魚方式。

❷ 魚灶：亦作「魚竈」，將澎湖的丁香、小管等漁產加工製成乾貨販售的設備，一般魚灶有灶臺、煙囪、鹹汁槽（俗稱「礐」）三個部分組成。

老兵

採訪時間——民國90年6月5日
講述者——吳清源，57歲

民國五十九年，現今潭門港停車場位置那兒，從前是一駐紮營區，由於當年尚無電力供應，所以到了晚上，家家戶戶早早便就寢了。哨裡有一班長名叫「陸松海」，他不習慣早睡，於是就步行至東安村（現中宮旁）另一哨所找同袍飲酒，酒過三巡後，陸松海再返回潭門港哨所。

一天晚上，時間大約在八點鐘左右，陸松海又按往常一樣徒步到另一哨所找同袍，剛離開哨所不遠，大約走了二百公尺（現郵局北邊岔路），陸松海停腳在路邊小解，由於天黑，四周又無人，所以拉鍊一拉，便「嘶嘶」出水了。

正當陸松海小解完畢，準備離開時，卻發現他前方二十公尺處的田埂旁，蹲著一位長髮披肩的白衣女子。見女子低頭哭泣，陸松海躊躇一下，跟步上前叫了聲「小姐」，對方卻不加理會，仍舊低頭啜泣。

陸松海再走進一步，「小姐？」話語一落，那蹲在地上的白衣女子抬頭，和陸松海打個照面，登時，老兵陸松海整個心臟幾乎從口中跳出——只見眼前女子長髮及胸，臉部塌陷，七孔全皺縮在一起。

陸松海回駐隊後，隨即一病不起。後來調至馬公，長期在八一一軍醫院就診。

車後座的小女孩

採訪時間——民國90年6月3日
講述者——許清源，當事者，36歲

民國九十年初春某夜凌晨時分，望安鄉公所技工許岡修開車至中街仔「新復興號」雜貨店買飲料。當轎車停在雜貨店對面空地時，店內小老闆許清源看見轎車後座坐著兩個小朋友，看樣子並不像附近的小孩子。待許岡修開門下車，而車後座的兩個小朋友一樣端坐在車內，一動也不動地向前直視。

許岡修進雜貨店買了一瓶飲料，回頭叫許清源一起去兜風。兩人上車後，許

清源發現車後座那兩位小朋友不見了，而他也沒有追問，便和許岡修開車夜遊去了。

車子繞過碼頭到達水垵，轉向後，又回到中社，進而至西安水庫上頭（尖山仔頂），忽然車子一陣抖動，一股冷風直撲兩人身上而來，轉眼車子就拋錨了。一時間四周漆黑一片，兩人都傻了眼。許清源下車，走到車後面用力推車，身旁忽然多了兩個小孩一起推車。見此光景，許清源不敢出聲，靜靜走到駕駛座旁向許岡修招手，示意他下車，兩人走路回家。

隔天，兩人騎車至停車處，鑰匙一轉，車子馬上啟動，且順利地開回家。

筆者注：「許清源事後將原委向許岡修說明，而許岡修也會意到當他開車時，曾感覺方向盤好像有人操縱，他根本沒有真正駕駛到方向盤。從此情形研判，兩人可能是遇見小精靈鬼魂。祂們不會傷害任何人，但常常出現製造一些人類無解的話題。」

不讓你過

採訪時間——民國90年6月12日
講述者——鄭武寬，當事者，61歲

民國六十年，現西安水庫旁有一屠宰場，每天早晨大約五點鐘左右，豬販鄭武寬就把豬隻宰殺完畢，分裝成好幾簍，然後和老婆及僱傭一起挑至社區叫賣。待準備妥當時，東安村民「腳帕」騎著腳踏車到來，買了一隻豬腳並綑在腳踏車後座離去。鄭武寬又綁了綁豬簍，挑起擔子和老婆及僱傭一前一後往望安國中方向而來。

此時，東方天空也露出魚肚白色，三人步行約一百公尺，「哇」地同時驚叫一聲，只見剛剛來買豬腳的腳帕從車上摔到地上，四腳朝天、滿臉是血地大聲呻吟。鄭武寬趕忙放下擔子向前攙扶，發現腳帕滿臉是血之外，頭皮有些向上翻，如同被剝了層皮一般。問他如何，腳帕說：「我買了豬腳以後，騎腳踏車上坡，下坡時看見四、五個年紀約十歲左右的小學生，穿卡其色衣服、暗黑色裙子、背書包、戴帽子，手拉手攔在我前面，我一邊叫喊，一邊搖車上的鈴鐺，但似乎並沒有用，她們幾個小朋友一樣擋在腳踏車前，待我的車快撞到她們時，眼前忽然一片灰暗，我就好像被人拉下車，用力向地上摔一樣。」

筆者注：「故事中描述的背書包小孩，和第一篇所談的故事相仿，應該為同一鬼魂吧。」

腳踏車

採訪時間——民國90年6月20日

講述者——楊人和，28歲

民國八十九年夏天，水垵村民王志清、王志成兄弟兩人到鯉魚山巡海抓螃蟹、撿海螺。他們到鯉魚山時，就將機車停放在涼亭旁，提著採照燈往海邊的潮間帶走去，剛走兩步，看見涼亭旁的草叢倒著一台已經生鏽，而且被草掩蓋的腳踏車。雖然車子已經損壞，輪圈也脫落一旁，但是奇怪，把手前方的菜籃處，卻繫著一朵鮮紅的布料彩球，乍看之下不合常理，但兄弟不以為意，下水捉螃蟹去了。

過半小時後，王志成無意間抬頭一望，瞧見剛剛那台已損壞嚴重，根本無法牽動的腳踏車，竟然有人在騎，甚至還發出「叮噹、叮噹」聲。王志成挨到志清旁，示意他向岸上看，同時將探照燈往上一掃，卻什麼都沒有，死寂一片。正當兄弟倆納悶著，借月亮微光又清清楚楚地看見，那腳踏車一圈又一圈地跑動，腳踏板一上一下。兩人相互使個眼色，便一起提著照明燈往上衝。怪哉呀！腳踏車依舊倒在那兒，一樣被雜草覆蓋著。

兄弟倆人感覺有異，跨上車騎了就跑，車行不遠，王志清忍不住回頭一看，「哇，驚死人！」一個小姐坐在腳踏車上。

筆者注：「那台腳踏車是高手把的女生用腳踏車。」

四 六呎

採訪時間——民國90年6月4日
講述者——陳圓治，當事者，59歲

民國四十五年，陳圓治、陳重義、許武德、許啟增等年輕小伙子，一同在某天下午約五點鐘左右步行到潭門港，準備出海抓臭肉鰛魚。大夥經過仙史宮東邊時，發現前方「粿仔頭」註有一穿白衣、白褲，身高六呎多的人影。此人雖不能看清面孔，但形態、輪廓卻非常清楚，因身高特長，樣子怪異，所以大家追去查看。

一路追趕，見對方往粿仔頭北邊（現農會南側）躍進。陳圓治在前，其餘的人也緊隨在後，攀爬過密麻的銀合歡（青枝仔樹），人追丟了。大夥在附近搜尋，卻也沒有查覺什麼，包括鄰近的一個砲台，也鑽進去看，一樣什麼都沒有。正當返程時，卻發現青枝仔叢掩蓋一個墳墓，墳墓因年久失修，土堆上方破了一個大洞，陳圓治上前一看，土堆凹洞內，正躺著一具身高特長、雙手及膝的枯骨。

註

「粿仔頭」是地方小名，在東安村仙史宮東邊約三百公尺處，一轉彎即可看見農會辦事處。

日本軍隊

採訪時間——民國90年6月21日

講述者——許昭竇，機場安檢人員，38歲

民國八十五年，望安機場航務員孫克強在晚上吃飽飯後，回到塔台拿公文。由於職業性的習慣，東西拿了，順便向跑道四周巡視一番，當視線瞄向跑道尾端時，突然間煙霧四起，就如同電影情節中的萬馬奔騰一般，凝神一觀，竟然有大約一百多個人影飄忽浮現，全部身穿卡其服、戴小帽、穿長筒馬靴、背槍……一大群全副武裝的日本兵，步伐整齊地行軍過來。

這群日本兵來到距孫克強大約一百公尺時，整個隊伍停住腳步，並有一人跑出隊伍前方，喊了口令，轉身向帶隊軍官敬禮，緊接著一陣喧嘩，唱起軍歌。

整個隊伍出現歷時約十五分鐘，最後，全員在踱槍聲中一起消失。孫克強說，那個連隊的整齊劃一及精神狀態，就連自己當兵時也沒有那麼雄壯威武。

我要喝蔘茸酒

採訪時間——民國90年7月6日
講述者——陳定杉（陳定國哥哥），48歲

民國八十二年，潭門港往布袋港的左側尖山仔腳，東安前村長陳定國，申請開了一砂石場。陳定國每年農曆朔、望二節，必定大鍋飯、菜及水果、冥紙祭拜各路兄弟。有一次祭拜之時，香一點燃，馬上感受身影飄忽的兄弟們圍上供桌，突有一兄弟對著一旁的陳定國喝道：「我們要喝蔘茸酒，不要每次都帶米酒來。」一陣喧嘩後，好兄弟們全部離席閃身不見。

下次的祭祀，陳定國果真供奉了蔘茸酒，供桌物品一擺，隨後出現了約有十隻腳不著地的兄弟，整齊地圍在供桌旁。其中一人打開蔘茸倒入酒杯喝了，口中還喃喃誇讚：「好酒、好酒！」緊接著，其他的兄弟也一起乾了。酒足飯飽後，好兄弟們向陳定國道謝後離去，陳定國補充：「整個場景，就好像看了一齣鬼電影一般」。

筆者注：「事後筆者向陳定國本人求證屬實，確定事情原委。」

日本武官

採訪時間——民國90年6月26日

講述者——陳許烏坑，當事者，78歲

民國八十八年春，西安村人陳許烏坑回中社娘家看朋友，就在下路（下寮）靠近花宅港口處，遇見一位著日本軍裝、腰間配戴武士刀的軍官，正和她對面相迎，當兩人距離約五公尺左右，那軍官旋即閃入一民宅消失。

其實，早在民國三十年左右，陳許烏坑還不到二十歲時，每天清晨四、五點鐘，就挑畚箕到花宅旁邊挖白海沙到田裡作堆肥，當時她幾乎每三天就會碰見一次那位日本軍官。因為看多了，彼此都不會閃躲對方。

陳許烏坑說明，那軍官本是中社村民，日本時代任當地武官，生前就是穿這套軍裝，死後也常在自家門口出現。因為受日本教育，即使死了，仍軍裝筆挺、抬頭挺胸，一股威風凜凜。

只是，陳許烏坑納悶的是，自從她嫁到西安村已五十幾年了，那武官怎麼還沒有去投胎呢？

我要機車

採訪時間——民國90年6月14日
講述者——彭湖，中華電信員工，42歲

民國八十二年間，東安村民許吉群在夜間約九點半左右，由潭門港阿坤家出發，準備到中社找陳明福唱卡拉ＯＫ。車經布袋港間附近，許吉群感覺有股涼風追來，且就在他身旁打轉，不禁毛骨悚然。他左右查看，發現身後有個穿白衣白褲的男人緊追在側，車子愈快，它就追得更猛更近，讓許吉群有些招架不住，最後乾脆把機車拋下，用跑步的方式逃至中社求救。

到中社後，許吉群首先將整個過程向彭湖及另一個消防隊的朋友告之。三人馬上騎著兩輛機車，消防隊朋友自己騎一台，彭湖載著許吉群，沿剛才他逃離的路線折返。他們在布袋港崎頂，發現許吉群的機車停在路中央，機車上真的坐著一個半透明、穿著白衣白褲的男子。看他樣子，好像很喜歡那台機車，雙手一直握在機車把手上，狀似催油門的模樣。

有了朋友壯膽，許吉群到達現場後，直衝上前去對著那白影子猛打，拚命揮拳到影子消失為止。

賣枝仔冰（一）

採訪時間——民國90年6月1日
講述者——許公敬，75歲

民國三十九年，中社村人陳秀絲（阿希仔），每天提著枝仔冰桶，由中社經黑石仔頂（現機場位置）攀山路至潭門港賣冰棒。一天中午，陳秀絲一樣提著冰桶，攀過黑石仔頂，眼看下坡便是潭門港碼頭，連忙加緊腳步，免得被別人捷足先登，那就生意甭做了。

由於快步行走，顧不得左右如何，忽然有人叫住她：「查某囝仔，枝仔冰拿來賣。」陳秀絲四周張望，見眼前十公

尺處，站立一人，年紀約五十歲上下，穿著白衣白褲，雙手招呼著她過去。等到兩人距離約三步左右，陳秀絲赫然看見一張沒有五官的臉孔，身體還一直不斷向她逼近。

陳秀絲拔腿就跑，那沒有臉孔的白衣男子緊追在後，追趕一段後，才消失不見了。

筆者注：「筆者後於民國九十一年三月十六日，親訪陳秀絲（阿希仔）本人，證實當年她確有看見一穿白衣褲的人，向她買枝仔冰，同時附近的墳墓還發出棺材板一開一闔的聲音。當她發現不對逃跑時，手上賣冰棒的搖鈴也跟著發出噹噹聲響，或許如同道士作法所拿的搖鈴一般，因此鬼魂一聽便自己遁形了。」

賣枝仔冰（二）

採訪時間——民國90年7月11日
講述者——許王玉印，55歲

民國六十年，西安村一女孩阿扣仔，每天至中社冰場批發枝仔冰，然後到潭門港碼頭叫賣。路經黑石仔頂（現中社機場位置）時，見前方有一穿白衣白褲、披散頭髮掩臉至腰的女人，雙手打開攔住阿扣仔：「查某囝仔，枝仔冰拿來賣。」阿扣仔停下腳步道：「妳走妳的路，我走我的路。」語畢，那女子撤回雙手，但仍不肯離去，對著她又說：「天氣那麼熱，枝仔冰一支來吃退火啦。」

阿扣仔一聽，便彎身低頭打開冰桶蓋，拿出一支冰棒，準備送給她時，那掩面散髮女子已不見了。

筆者注：「此故事與前頁許公敬所述大致相同，遇鬼的主角，一人住中社，一人住西安，而且時間相

差二十年。或許這些想買枝仔冰的鬼魂一直沒有離去，先後向兩個不同的小女生要求買枝仔冰。據講述者說，中社的陳秀絲回家後生病了，而西安的阿扣仔一切正常安好。」

古井

採訪時間——民國90年6月19日

講述者——陳瑋茜，20歲

民國八十八年，水垵村活動中心後面有一菜園，菜園入口處留一舊時開挖的古井，平常就是用來汲水澆菜之用。早年物資缺乏，所以古井就地深挖，也未加護蓋遮掩，井邊雜草叢生，幾乎將整個井口覆蓋。

一天黃昏，水垵村幾個國中小女生經過，她們發現距離大約三十公尺不遠的菜園內，怎有一穿白衣服的女生，就懸空站在古井中央。奇怪，她怎麼沒有掉

下去？幾個小女生尚不知害怕，一時好奇便上前衝去探個究竟。來到井邊時，那白衣女子瞬間落入井中，大夥左巡右查，卻久久不見那女子浮出水面。

幾個女生退離現場，返回馬路時，回頭一看，剛才那位白衣女子又出現在古井上方，一樣懸空站在井中央，一上一下地浮沉著。

筆者注：「聽幾位當事者同學描述，事情真的很奇怪，幾個同學靠近時，大家眼睛都沒離開視線，『它』卻能憑空消失，好像變魔術一般。」

洗澡

採訪時間——民國90年6月18日
講述者——藍文郎，62歲

民國五十二年時，一般人家中沒有浴室，因此婦女們經常利用夜間至溪邊洗澡或洗衣。從布袋港往水垵村社區方向，道路右邊有一條排水溝，半夜常聽到有幾個女人在水溝旁洗澡的聲音，但始終不見人影。

布袋港崎頂左邊水溝，則有兩男人一到每天黃昏，就穿著短褲、打赤膊，也在水溝旁洗澡，且清楚聽到嘰嘰喳喳的講話聲，但只要旁人一靠近，兩男人瞬間便化成一股青煙，銷聲匿跡。

紅花旗袍

採訪時間——民國90年7月6日
講述者——鄢美蕙，當事者，31歲

民國八十年，東安村仙史宮舉辦廟會，水垵村民鄢美蕙騎車至仙史宮看廟會，將近中午時，廟會結束，鄢美蕙騎車返回水垵，途經西安水庫附近，看見右邊草地上，站著一位穿大紅花旗袍，撐著洋傘，頭上結著雙髻的中年婦人。鄢美蕙心想此人可能是旅居高雄同鄉返澎參加廟會的鄉親，於是上前搭訕，準備載她一程。

機車駛近時，那婦人回頭一瞥、四目相交，鄢美蕙嚇了一大跳：此人是水垵村的姑娘，嫁到東安村，但已往生有一段時間的阿葉姨呀！正想開口，對方卻微笑致意，瞬間消失，只留下錯愕的鄢美蕙。

筆者注：「鄢美蕙本身不怕鬼，且又是水垵宮雷府千歲乩童，所以對幽冥界的好兄弟，除了不怕外，更常有相互交談之事。」

飆車族

採訪時間——民國90年7月6日
講述者——鄢美蕙，當事者，31歲

民國八十二年，鄢美蕙受僱岩川飯店工作，有一天店裡投宿二十幾位年輕朋友，夜間要求鄢美蕙帶他們夜遊。車隊經海巡部隊東側馬路，突然十幾台機車受到石頭攻擊，且每台機車瞬間熄火。一路在前頭的鄢美蕙馬上停車，問明被攻擊的原因，是否有人故意找碴。鄢美蕙抬頭四周查看，就在東邊不遠處，果然站立一人，年約六十歲上下，一臉怒容盯著他們。

鄢美蕙上前幾步，與對方交涉：「請不要捉弄這些小孩。」對方答道：「車聲太大，吵了我們的眠。」美蕙應允：「你放了他們，我叫他們小聲點。」隨後，鄢美蕙在每台機車坐墊上一拍，怪哉，剛剛熄火的機車，一按電鈕，全部啟動。

筆者注：「鄢美蕙和那老者對話時，二十幾個年輕小夥子全嚇呆了。後經查探，那老者站立位置，正是水按村一張姓老伯往生的墓園。」

妹妹

採訪時間——民國90年7月6日

講述者——鄢美蕙，31歲

民國八十九年夏天，水垵村人張天送夫妻由台返澎，重修舊古厝。一天晚上邀好友至家中參觀及聊天，到了大約十時左右，張天送夫妻送朋友回中社，然後和妻子一同騎車散步。途中，在風門山上坡處，看見往天台山的路上，有一女子踱來踱去，看似尋找東西一般。當車子再靠近些，張妻赫然發現，那女子正是她二十年前死去的妹妹。

張妻下了車，在離那女子五公尺遠處對她喊道：「妳應該去投胎，別逗留此地，免得嚇人。」話一說完，女子果然消失。

筆者注：「此女魂在二十年前，因搭貨車至天台山，下車時一腳勾在貨車上，另一腳踏不著地，最後不慎摔落十公尺深的山坡地，腦震盪死亡。之後此女魂常出現，會晤的人很多。」

小姐別走

採訪時間——民國90年7月6日
講述者——鄢美蕙，當事者，31歲

民國九十年七月四日，時為農曆五月十四日，鄢美蕙載陳敏暉由望安回水垵村，路經中社與水垵村交界處，忽然機車搖晃，煞車失靈，兩人趕緊用雙腳著地撐著，硬是將車子停下。

陳敏暉不待查明原因便出聲罵道：「妳是在起痟哦？會被妳害死！」鄢美蕙指著車子大燈處：「你看這個人抓住了車頭，還用力搖動，我們不摔倒已經很好了。」陳敏暉定神一瞧，果然看見

一中年男子，正雙手把扶車頭不放，存心要將機車絆倒的樣子。兩人下了車，靠在路旁等候，只見那禿頭的中年男子，識趣地鬆開雙手，往路邊的小巷進入，消失於黑暗中。

筆者注：「陳敏暉是望安的『陳大膽』，鄢美蕙是水垵宮乩童，膽量更大。所以再大的靈異事件，發生在她們兩個人身上，就沒轍了。」

我好冷

採訪時間——民國90年7月11日

講述者——許王玉印，當事者，55歲

民國五十四年，一天黃昏，許王玉印及許池兩人至大瀨仔撿海螺。剛離開社區不久，在「杉風仔」註❶途中，就發現前方有一特長的人影，搖搖晃晃向她們接近。鎮靜的許池拿著「土燈仔火」註❷往前一照：「啊！我爸、我母呦！」原來跟前特長的人影，竟是竹竿鬼。

許池和許王玉印趕緊蹲下，撿拾地上的乾草，一段一段折起，口中配合念誦：「我長、你短。」果真竹竿鬼慢慢消失。

兩人抵達大瀨仔海邊，已是夜裡九點多，許王玉印先是聽到一女子嚎哭，一面啜泣一面哭訴：「我好冷……好餓……」不遠處的許池也聽到哭聲，便對著那蹲在岩石旁哭泣的女子道：「你走你的路，互相不交纏。」話音一落，那女子隨即停止哽咽站起，對著她兩人招手，一轉身消失於黑暗中。

編註

❶西安村社區外和土地公港之間的田園，人稱「杉風仔」。

❷「土燈仔火」是電力公司未供電前，鄉間日常入夜所用的照明器具。

長髮女郎

採訪時間——民國90年6月15日
講述者——陳迫祿，67歲

民國四十二年左右，中社村花宅公園旁的大叢樹（欖仁樹）古井旁，附近村民常在午後黃昏時，遠遠看見一位長髮婦女，蹲在古井邊洗頭，而每次都將長髮撥到臉前面，因而一般看過她的人，都未曾見過廬山真面目。

村裡一般年長者，見到她多半自動繞道而行。有一天，幾個年輕的村內小夥子喝了酒，仗著酒意，大膽來到周圍探個究竟。五個年輕人躲在十公尺外的古厝旁，一直熬到那婦人出現，馬上一窩蜂向古井邊衝去。只聽得「嘶～」一聲，婦人瞬間化為一股青煙，鑽進井裡。

中社村有一尊邱大將神明，專門抓妖降魔，之後便興壇濟事，採了新乩童。自此，那婦人就不再出現了。

筆者注：「邱大將神恩顯赫，所以村內孤魂野鬼一聽到邱大將採新乩童，趕忙逃離中社村。」

傻兵

採訪時間——民國90年6月13日
講述者——陳定杉，48歲

民國七十三年，東安村二之八號陳定杉家隔壁，是一阿兵哥的海巡駐地，設有檢查哨。某天一位老班長閒來無事，拿著鋤頭在班哨駐地後面的山坡地大挖特挖，準備整地種菜。整地時，挖掘到一副女性骨頭，那位班長卻不加理會，隨意將骨頭就地埋葬。當晚，那班長睡覺時感覺呼吸困難，脖子被掐到快窒息，除了冒冷汗，整個頭漲得非常痛苦。

翌日，這老班長將事情原委告知陳定杉的媽媽，經陳定杉的媽媽幫忙，老班長將骨頭撿起來，移到南坪第一公墓埋葬，自那夜起，老班長就不再頭痛了。

筆者注：「那副骨頭旁，有一對耳環及一隻金釵，阿兵哥班長會頭痛，除了沒有好好安葬那副骨頭外，最主要是鋤頭挖壞頭蓋骨，人家生氣了，所以夜裡來算帳。」

竹竿鬼（一）

採訪時間——民國91年4月14日
講述者——許丁丑，當事者，71歲

民國五十一年某夏夜，適逢農曆中旬大退潮，西安村人許丁丑獨自一人提著土燈仔火到潭門港外的潮間帶撿海螺、刺章魚。當夜天氣涼爽，海螺及章魚抓了不少，許丁丑一手照明燈，一手螺勾，就在整片潮間帶來回搜尋。

且說，過子夜左右，許丁丑停下腳步，準備點一根香菸抽抽；當人一站挺，耳際怎有一股「呼～呼～」吹氣聲？眼一瞄，「我爸喂！」相隔幾公尺

處，怎杵著一根如同電線桿的竹竿鬼，正攔住許丁丑的去路。

許丁丑心裡陣陣發毛，不知如何是好，正惶恐呆愣之際，突發一計，便也對前頭的竹竿鬼吐出「呼～呼～」聲響，一面兩顆眼睛瞪大緊盯對方，怕他劈了下來，然後雙手暗中合掌「屈巳」註，以防萬一。時間約過三分鐘，許丁丑雙手發酸，口中仍不停呼出熱氣，雙頰已有些微痛，雙腳更無法久撐，於是緩緩跨移……耶？怪哉，怎麼竹竿鬼也跟著移影換步，和許丁丑保持同樣距離，繼續相互對峙。

各位看倌，這仲夏涼夜，潭門港的岩石潮間帶，就一人一鬼杵著，你說說看許丁丑還有命嗎？就在身體即將撐不下去時，許丁丑抽腿想跑，整個人卻「啪！」一聲癱倒在地，同時，竹竿鬼也轉瞬不見。

筆者注：「許丁丑言，曾多次遇見好兄弟，但這和電線桿同大的竹竿鬼，尚屬罕見。一般所見的竹竿鬼，身長如電線桿，但五官仍有分別，而此次遇到的，卻同電線桿相似，沒有五官及衣物，僅黑影鮮明立於眼前和你相對，可算是鬼中異類。」

編註

「居巳」為一般道教學術者，使用雙手或單手叉合手指的變化，藉以降妖伏魔之法招。

竹竿鬼（二）

採訪時間——民國90年6月3日
講述者——許清上，西安村村長，36歲

民國五十二年，中社村女子陳麗香，入夜後獨自至花宅港北邊海域撿拾海螺。時約晚上八點許，她提著紅土燈仔火，步行至花宅港，剛到達碼頭，就看見前方約三十公尺處，站立一身高如竹竿一般又細又長的影子，一見陳麗香馬上搖擺身子靠近，一副要打人的樣子。陳麗香並沒有逃跑，而是立即蹲下撿拾地上的小草，然後一節一節折斷。奇怪的是，那竹竿鬼也漸漸低矮下來，最後消失。

筆者注：「特別需要注意的是，低身撿拾小草時，人只能挺直蹲下，千萬不可俯身低頭，否則竹竿鬼會在此時倒下，正中你的頭殼。」

竹竿鬼（三）

採訪時間——民國90年6月9日

講述者——第一段：吳文雄，鄉公所技工，59歲

第二段：夏文富，當事者，36歲

之一：民國六十八年，舊衛生所位置（白沙頭仔），半夜時常有人發現一根數公尺長的竹竿鬼，一腳放在衛生所厝尾頂，另一腳卻跨到十公尺遠的對面三合院古厝上。

之二：西安村人夏文富年十一歲時，每天騎著一台腳踏車在家附近及衛生所宿舍旁蹓躂。奇怪的是，人家小朋友騎過宿舍門前馬路，沒事，而他經過時，卻整個人向車前飛出，跌坐在地，感覺好像有人握住把手。

筆者注：「夏文富騎腳踏車飛出摔車，但其他小朋友不會，可能夏文富本身磁場跟吳文雄描述的竹竿鬼相符吧。另一個可能為，那個朋友非常喜歡夏文富，所以捉弄他吧。」

竹竿鬼（四）

採訪時間——民國91年2月3日
講述者——陳孝，71歲

民國四十一年冬天，西安村人陳孝、萬安、阿綿、阿柱等人一起捕土魠魚。有一次風浪太大，船隻停泊在西安水庫西邊的花宅港仔內避風，阿綿是船上最小的煮飯水手，當夜留在船上顧船及抽船底汙水。

時間約初夜九時許，阿綿從船艙內鑽出，準備撒一泡尿，然後睡覺。當人站在甲板上，準備掏槍射擊時，就看見一個身高約有三丈長的竹竿鬼，正從沙灘上抬起一腳，準備踏上阿綿的船甲板。

阿綿見狀，不及拉褲子，急忙衝入船艙，把棉被蓋在頭上，一抖到天明。據說，事後阿綿足足三天尿不出來。

筆者注：「沙灘和船拋錨的位置，至少相隔有三十公尺遠，『祂』卻能一腳在沙灘上，另一腳踏上船。

而中社村的花宅港離此地約有兩百公尺，村民陳麗香也曾被竹竿鬼追過。又，筆者於民國九十一年四月十八日，聽吳德義重述得知：該船船長為『許高力』，船名『金瑞安』。」

竹竿鬼（五）

採訪時間——民國91年2月21日
講述者——許建國，當事者，40歲

民國七十六年某個夏夜，西安村民許建國騎機車載女友兜風，車子由望安國中一路下坡至水庫，轉彎再上中社村。當車子經過「標仔」厝前，許建國眼前忽然出現一根高如電線桿，瘦如竹竿的竹竿鬼，一搖一擺往許建國靠近。

許建國忙將機車停下，口中喃喃自言：「我長你短……」那根竹竿遂逐漸短矮，至地面消失。而這一切發生，女朋友均渾然不知。

竹竿鬼（六）

採訪時間——民國91年2月25日

講述者——許吉合，55歲；鐘菊，54歲（共同受訪）

民國二十年之前，東安村的黑藤婆及黑愛婆兩人相招到潭門港南邊珊瑚區（南勢漘）撿海螺、刺章魚。

黑藤婆首先看見一隻紅章魚，右手的螺勾順手刺入，突然左手燈仔火熄了，紅章魚也不見了。黑藤提著燈仔火叫喊：「黑愛呀，妳的燈仔火借點一下！」嘴巴一邊喊著，她眼睛也往四周瞄，就在二十公尺遠的地方找著黑愛，但黑藤卻沒有向前靠近，因為黑愛身後多跟了一個竹竿鬼，正一擺一擺地同黑愛一塊彎身哈腰。黑藤嚇得上唇合不著下唇，「黑、黑愛呀，快走！」黑愛一抬頭，「我爸我母喂！」連忙拔腿就跑，黑藤也三步併兩步衝。

兩人兩百公尺只跑二十秒，一路跑過南坪公墓至粿仔頭才停下腳步、喘氣，心想應該沒跟來吧！沒想到，一根直挺挺的竹竿鬼正站在跟前，和兩人形成一個小圈圈，身體仍一搖一擺，不斷晃動著。

兩人手痲、腳酸，加上夜黑、風高、膽寒，附近又沒住家可求助，呼天搶地之際，正巧碰上「阿符仔」由另一海域返家相遇，經他出手才化解。黑愛回家後，一病不起；黑藤經多次收驚，問神才好轉。

筆者注：「阿符仔就是受訪者許吉合父親。」

竹竿鬼（七）

採訪時間——民國91年2月26日
講述者——陳興來，當事者，67歲

民國四十一年，東安村民陳興來和地方長者一起捕丁香魚。某夜十一時許，船隻漁獲滿載，船長派陳興來及許星澳兩人回村內拿漁簍，並通知魚販至碼頭「招標」。路過姚上勝家轉角往北，就在土燈仔火的微光晃動下，見到眼前三個大步距，欸，直挺挺站著一個竹竿鬼，陳興來手提照明燈一照，雙眼平視只見到對方雙膝，抬頭眺望也僅見衣角……這個竹竿鬼可真高呀！

不待兩人意識清醒，竹竿鬼已經見人就劈了，陳興來和許星澳見狀不妙，拔腿就跑，一路衝到「中宮」廟埕門口才停下。

竹竿鬼（八）

採訪時間——民國91年2月27日
講述者——許丁丑，當事者，71歲

民國六十年初夏，西安村民許丁丑和許明新，由西安村後寮溝仔翻過煙屯山至潭門港抓紅章魚。步行至潭門港後壁山崎時，許丁丑查覺近在咫尺處有個身材高大、體形肥胖的男子，正朝他們大步跨越而來。

許丁丑出聲用國語告訴許明新，同時隨手將燈仔火往前一照，僅見那肥胖人影漸形矮小，最後竟趴在地上，化成一隻類似兔子的動物，鑽入路旁的銀合歡（青枝仔樹）草叢消失。

許丁丑看著兔影消失的位置，本想折根樹枝插下註記，觀察日後演變，事後想想，不知會不會有麻煩而作罷。

筆者注：「採訪中，筆者瞧見許丁丑描述的神情，仍看得出當時內心是如何忐忑不安。」

竹竿鬼（九）

採訪時間——民國91年3月2日
講述者——吳芳育，41歲（於高雄採錄）

民國六十四年，西安村民吳清源背著玻璃絲網，到潭門港北邊潮間帶圍烏仔魚。人一從家裡出來，經過後寮溝仔（西安社區牌）附近，就發現有一人影跟隨，甚至連呼吸的聲音都清晰可聞。步行至潭門港後壁山崎時，一陣冷風擦肩而過，吳清源不以為意抖抖肩，向四周瞅瞅看是否可疑之處，心想：現在是中午，哪會有什麼怪事呢？於是又踏步向前，約莫走了二十步，只見路中間突然聳立一個穿白衣褲的竹竿鬼，正前後一踱一踱地逼近吳清源，走路的樣子，如同廟裡的七爺八爺一般。

吳清源嚇得「嘩」了一聲，立刻在地上拾起石頭胡亂往對方丟，當石頭和灰塵在空中齊飛，白衣褲的竹竿鬼也不知何時消失了。

三人四影

採訪時間——民國90年6月14日

講述者——吳明吉，當事者，31歲

民國八十四年夏天，東安村的吳明吉在潭門港碼頭釣墨魚[註]，同行的還有陳文勇及夏文富。半夜十一時許，吳明吉終於釣到今晚第一條墨魚，當他興高采烈地拉甩竿時，發現除了兩個同伴外，怎麼水面上出現四個人影在晃動？三人抬頭張望，便看見距離他們十步遠、碼頭尾端的纜樁上，坐著一個穿白衣服的小姐，也跟他們一樣，探頭看墨魚。

三個人一時不知如何自處，愣了大約兩分鐘後，吳明吉慢慢將甩竿線收起，至於那白衣服女子，一晃不見了。

筆者注：「吳明吉說，那白衣女子的身材形態看的很清楚，但是臉孔卻是側的，並且整條碼頭一百多公尺，那女子是在碼頭尾端，怎能一下子不見了呢？不過，吳明吉是東安村中宮的乩童，對此類情事，早已見怪不怪了。」

編註

墨魚，一般俗稱「烏賊」。

四個人

採訪時間——民國90年6月26日
講述者——吳淑惠，當事人，37歲

民國六十一年，住西安村吳府宮旁的吳淑惠和幾個同年紀的小女生，跟在阿螺、秀貌大姐姐身後，到中社公祖廟看歌仔戲。一行五、六個人徒步上中社，途經西安水庫上坡尖山仔頂時，瞧見左前方蹲著四個穿白衣白褲的人，面向在馬路上行走的她們。雖然看不清楚他們的面貌，但隱約可以判斷出兩男兩女，且對著她們招手搖擺。這一突來的狀況，嚇壞一群小姑娘，大家集體身一轉，全速衝呀！一口氣跑回望安國中校門口。

筆者注：「吳淑惠一再強調，雖然那時太陽已下山，但夏天六點多並不算晚，且視線很好，她不解怎會出現鬼魅，還同時現身給她們五、六個人看？依據長者所言，通常村莊或廟宇有節慶時，好兄弟們比較喜歡亮相，甚至現身給周遭的人類知曉，以求討些果品、牲禮。」

女子

採訪時間——民國90年8月17日
講述者——吳明吉、鄢美蕙（共同受訪）

民國八十三年夏天，東安網垵口仙史宮前的雙鯉門海水浴場，在開挖地基時，驚擾到一具女屍，工作人員將骨骸用罈子裝好，改葬在南坪第一公墓。

三日後，工作人員注意到：每天下午上工時，第一個到達現場的人一定會和一個年約二、三十歲的女子打照面，女子的面容非常清晰，穿著一件花圓點上衣，打著洋傘，輕輕緩緩自鯉魚門西邊走到東邊後便消失。如此一連十來天，

這名女子一概走固定的路線，身穿一樣的花圓點上衣。

筆者注：「吳明吉跟鄢美蕙是當年的現場工作人員。讓吳明吉很懷疑的是，鬼魂怎能大白天出現，又一連數天；更匪夷所思的是，海水浴場正面三十公尺處就是大廟仙史宮，區區女魂怎敢冒犯呢？」

山貓

採訪時間——民國90年6月14日
講述者——吳明吉，當事者，31歲

民國八十五年，南坪新建納骨塔，包商吳明吉中午收工回家吃飯，怪手及山貓（推土機）就停在納骨塔的位置旁。

一頓飯時間，吳明吉開車至工地，在離納骨塔約一百公尺處，發覺山貓在動，尚且不停地剷土，一斗一斗將土石塊及砂土鏟離現有地點，吳明吉一時傻眼，便將車子停下，留在原地點查看，耶？推土機上確有一人穿著灰色衣服，年紀約在四十歲左右，瞧他賣力的鏟土功夫，就知道是一個很好的操作手，然而，會有哪個工人這麼勤快，上工時間未到，就如此賣力工作，還提前知道下午要將那堆土石塊移開呢？

吳明吉一踩油門，飛快地往工地前進，行駛中眼睛不曾移開地注視那坐在山貓上的人，等他開到距山貓三十公尺處，那人停止動作，跳下車便往土堆後方移動，待吳明吉抵達現場查驗，四周根本沒有任何一人。吳明吉機靈地摸了一下山貓引擎，引擎是冷的，水箱內的冷卻水也沒有沸騰。

筆者注：「吳明吉說，才一頓飯的時間，就算三台山貓一起工作，也無法移動那堆砂石，他還真厲害欸！」

交替

採訪時間——民國90年6月30日
講述者——陳二雄，當事者，65歲

民國四十年，東安村陳二雄和父親夜裡到西安村大瀨仔圍網。父子倆步行至大瀨仔時，遠遠就看到有一女子蹲在公墓旁，低頭趴在墓碑上啜泣，且聲調如同生人一般，二雄不覺有異，趨步上前欲慰問，二雄父親一把抓住他說：「雄仔，離她遠一點，眼睛看別的地方。」原來，陳二雄父親是陰陽眼。回家後他便告訴二雄，那女子一邊趴在墓碑上哭，一手不停招著爺倆，大概是要找他們做交替。

筆者注：「西安土地公港口南邊大瀨仔白沙灣，是望安鄉第二公墓，所以鬼魅傳聞甚囂。二雄父親常常碰見好兄弟，而且還會交談對話，有一次他碰見一名日本兵，兩人竟用日語侃侃而談二十分鐘。」

輯二●路上遇鬼（下）

查某囝的戒指

採訪時間——民國90年7月11日
講述者——許王玉印，當事者，55歲

民國五十年左右，水垵村民王玉印（後來是西安村許明新妻子）有天晚上和母親在街上散步，經過東寮黑皮家門前十公尺處，看見一人低頭在尋找東西。瞧她慌張的樣子，好像丟失的物品很貴重，王玉印的母親便開口問道：「什麼人？你在找什麼？」對方抬頭看了看王玉印母子，回應道：「查某囝（女兒）的戒指。」王玉印母親一聽聲音有異，便步向前勸阻：「妳不要在這邊驚嚇人家，快走吧！」話落，那人果真一轉身不見了。

筆者注：「許王玉印母親是陰陽眼，而且超級大膽，對此類巧遇並不意外。王玉印說，她媽媽平常晚飯後沒事，就喜歡站在磚棚頂看好兄弟操兵，平常時約一百人，農曆初一、十五日，好兄弟會增加至千人以上；也常瞧見菜園內一些好姊妹在澆菜、施肥等。」

大眼睛

採訪時間——民國90年6月25日
講述者——陳許烏坑，當事者，78歲

民國八十年冬天，西安村民陳許烏坑拿了一些物品到東安村找紅杏婆，準備分送給她及鄰居。就在紅杏婆家門前圍仔牆轉角處，看見一個穿白色衣褲的中年男子，眼睛一直盯著圍仔內的番石榴樹叢，就要動手去摘的樣子。

陳許烏坑阻止道：「你是什麼人呀？番石榴還不能吃，不要偷摘。」那人聽了回頭一瞪，陳許烏坑見他兩顆眼睛就跟番石榴一樣大，而且是綠色的，接著

舉起右手將右眼挖出，放入口中。一向膽子特大的陳許烏坑可嚇壞了，「哇！」的一聲，拔腿就跑進紅杏婆家，一躲四小時不敢回家。

筆者注：「陳許烏坑說那人的五官尚稱正常，怎麼眼睛會那麼大，是否是那棵番石榴樹的樹精？紅杏婆也說，那棵番石榴樹的番石榴很甜，但每年生不多。」

監工

採訪時間——民國90年6月18日
講述者——吳明照，當事者，37歲

民國九十年春，水垵村翁魁生老伯往生，當他安葬後，家屬請了水泥師父建造墓園。東安村的吳明照受僱整理墓地，奇怪的是，每次啟動山貓時，車子前方就有一壯碩的透明白影，指揮吳明照如何整理四周草地，而他指揮的範圍也正是墓園尺寸及方位。

等到墓園開始建造後，每天大約上午十一時許，就有一人影出現，然後繞著墓園一直來回巡視，最後停留在距離墓園約十公尺處，雙眼直盯著幾個水泥師父，直至收工為止。一連十五個工作天，那人影也出現半個月，每日監工動作如一。

筆者注：「此壯碩的人影，正是翁魁生老先生。當時工作的水泥師父，均稱這個每天到現場監工的人影為『技士』，女工也看得很清楚，有時還會意到他在指示她如何工作及整理四周雜草。」

愛車人士

採訪時間——民國91年1月8日
講述者——陳州雄，當事者，63歲

民國九十一年元月，東安村陳州雄傍晚飯後七點多時，開車載著兩個小孫子出去兜風，車開到西安水庫（舊屠宰場旁），忽然冷風一陣，車內的陳州雄打起哆嗦，同時，車子突然熄火，大燈也滅了，兩個小孫子嚇得哇哇大哭，陳州雄回頭安撫後座的孫子時，卻發現後窗外有一人正探頭向他招呼。

陳州雄開車門下車查看，四周一片死寂，根本沒有任何動靜及人影，但奇怪

的是，他總覺得身旁站著一個人，偶爾還有呼吸的聲音。陳州雄察覺蹊蹺，便打電話回家，叫女兒騎車來載他及兩個孫子。在與女兒及兩個孫子返程之際，陳州雄回頭瞧瞧拋錨的汽車，嘿，怎有一女孩依偎在車旁，還瞪著兩顆大眼睛，一手放在車頂上，一手對著他揮動。

隔天一早，陳州雄請拖車到達現場，當鑰匙一轉動，車子很自然地發動了。

筆者注：「本篇所述和〈車後座的小女孩〉，故事恰是雷同。西安水庫事件，仍有諸多謎團待解。」

分身

採訪時間——民國91年1月18日
講述者——尤泰龍，當事者，39歲

民國六十八年冬天，這一年天氣特別的冷，海邊凍死了很多魚，東安村人尤泰龍和姐姐一起至海邊撿拾死魚，兩人從南坪第一公墓沿著海岸線搜尋至郵局對面時，在前方一舊有炮台（防空洞），發現一人穿卡其色衣服，來回在砲台周邊踱來踱去，原本以為是同村的人也來撿拾死魚，但定睛一看，尤泰龍嚇得當場雙腳發軟，全身抽搐，因為他所見的人，是一個用手托著頭顱的鬼。剛看見

時，由於距離較遠，而且他的手是向前提高擰著，所以沒有發覺，靠近些許才發覺：他的頭跟身體是分開的。

尤泰龍拉了他姐姐一把，比著前方，尤玉梅跟著抬頭一望，當場全身顫抖，跪倒在地，爬不起來。約莫過半分鐘，那擰著頭的人，緩緩從砲台入口鑽進消失。

筆者注：「那擰著頭的人，中等身材，理短髮，年紀大約五十歲左右。」

高人一等

採訪時間——民國91年1月18日

講述者——尤泰龍，當事者，39歲

民國六十一年冬天傍晚時分，東安村的尤泰龍送了一條魚到西安村天后宮附近的阿姨家。約六時左右，他步出阿姨家門口，向左一轉，看見前方十公尺處有一身穿青色長袍的中年男子，就站在菜園旁的「宮仔」門口，雙手垂膝，頭髮過腰、紮著辮子，面朝「宮仔」門口喃喃低語。

尤泰龍停下腳步，屏息靜待約五分鐘，直到那中年男子瞬間彎腰，鑽入「宮仔」內不見。尤泰龍百思不解，那中年男子身材魁武，身高約一百八十公分，體重八十公斤左右，如此大塊頭的人物，怎能鑽入一個高五十公分、寬三十公分的「宮仔」內不見？

筆者注：「『宮仔』位置在天后宮左前方小馬路轉角一處菜圃邊，筆者在九十一年三月二十二日傍晚散步時，特地至該『宮仔』口觀察一番。」

機車騎士

採訪時間——民國91年1月25日
講述者——陳麗閔，當事者，27歲

民國九十年十二月底，東安村開冰品及小吃店的老闆娘陳麗閔，一夜凌晨時分，赴天后宮旁的西海岸ＫＴＶ外送一份鹽酥雞。

陳麗閔叫隔壁小女孩許雅婷陪她作伴，騎車去送鹽酥雞，車至西安村菜市場前大馬路時，忽然眼前一台機車疾駛橫出，陳麗閔剎車不及，對著機車攔腰輾過，登時心一慌：這下出車禍了，事情大條呀！

奇怪的是，機車輾過後，一切恢復平常，並沒有碰撞的聲音，也無人車摔倒，只感覺剛剛擦身之際，一陣冷風使身體稍微僵硬，腦海一片空白而已。陳麗閔繼續騎車前進，此時後座的雅婷忽然喊道：「阿姨，你怎麼把那人撞過去？」

筆者注：「陳麗閔是高雄市人，嫁給本地吳振泰先生，九十年初才從高雄搬回澎湖。她將事情及那人

的輪廓模樣描述給婆婆知曉，從婆婆處得證：那人應是三年前往生的東安村民。至於十一歲的鄰居許雅婷，常看見一些奇怪的人物。

本故事先由第三人告知，筆者正想找當事人證明時，陳麗閔本人突然出現在筆者的工作場所。」

白衣女子

採訪時間——民國91年2月15日
講述者——方南吉，警察，當事者，30歲

民國八十九年三、四月份某夜九時許，望安分局警員方南吉和同仁陳警員一起巡邏，巡邏車由水垵方向至鴛鴦窟下坡處，突然間，方南吉警員從右方後視鏡看見一白色物體閃過，敏捷的反應使他趕緊踩住煞車往外看，見到車後方約十公尺處站立一人，身材纖細，高度約一百六十公分，以白布掩面，雙手則任風吹拂。

方南吉再瞧一次，那人仍佇立不動，且雙眼緊盯巡邏車不放。方南吉與同仁開門下車查看，眼見此白衣身影，如同科幻片一般騰空飛起，由近而遠逐漸退縮消失。

筆者注：「此輪廓研判確定是女魂，況且旁邊有多個墳墓。受訪者描述，眼見此身輕如鴻毛的形影，三、四月的微風竟然讓他透心涼。」

釣魚

採訪時間——民國91年2月17日
講述者——許金次，當事者，60歲

民國六十六年夏夜，西安村許金次和住隔壁的陳文助相邀，划船到大瀨仔及長瀨仔間釣魚。記得當時天氣良好，月亮正圓，兩人拉著玻璃絲線垂釣，船隻距大瀨仔及長瀨仔岸上約百來公尺，海浪拍岸的聲音聽得清清楚楚。

釣線大動，文助高喊：「釣到了！」船尾的許金次也站起身趨前幫忙，兩人低頭拉線，正興高采烈與大魚搏鬥。

剎那間，聽聞一陣「啪、啪」水聲接近，兩人抬頭，瞧見有三個穿白色衣服的人影，自岸邊涉水逼近船隻。

許金次一把抓起船上的吊錘，朝三個人影丟擲，那三人眨眼功夫就消失了。

筆者注：「大瀨仔及長瀨仔為第二公墓所在。舊年代時，島上常有夜間搖舢舨出海釣魚維生者，但船

隻與海岸線距離僅百來公尺而已，只要遇到強風大浪，容易返港。許金次發現那三人涉水逼近船隻，人已經離岸六、七十公尺遠，但水深才及膝而已。看那三人的動作，似乎想來抓陳文助釣到的大魚。」

梳髮

採訪時間——民國91年2月26日
講述者——陳祝明，56歲

民國六十年間，常聽一些朋友提及：西安村陳興圈住家厝南那間破古厝，天一黑就會看見一個黑衣黑褲的老阿婆，蹲在陳興圈厝邊南面巷道洗頭。阿婆在地上放一個臉盆，將一束長度及腰的頭髮掠到面前，一次又一次梳洗，從傍晚洗到天明雞啼。

西安村的大大小小討海人，只要是凌晨捕魚步行回家經過，無不見過那名老太婆洗頭，且門口埕還有幾個身材壯碩的大漢，鐵青著臉在門口埕內、外踱步、逗留。

西安村許建國的堂姐阿桃仔，甚至曾在午夜經過該處時，和那幾個大漢在古厝周圍追逐，那些大漢最後總在閃入門口埕大門後消失。

放手

採訪時間——民國91年2月27日
講述者——許丁丑，當事者，71歲

民國三十二年間，西安村人許丁丑放學回家，媽媽不待他放下布巾註❶，就催他趕快到「花宅仔」放牛吃草。

許丁丑牽著牛經過望安國中現址（當年尚無國中），前頭有七八個中社同學嘻嘻哈哈地遊玩，再走幾步，也就是現在西安水庫湖底正中間，見到一土堆旁，有個戴草帽、繫布條、穿「高麗衫」註❷的粗壯男子蹲在路旁咾咕牆上。不堪幾個嬉戲小孩吵鬧，他竟撿起小石塊向他們丟擲，嚇得大夥一溜煙不見了。

話說許丁丑目睹發生的一切，雖然內心忐忑不安，但牛總是要牽過去吃草，正在左右為難之際，那粗獷男子忽然由石牆上翻落地，瞬間化為烏有。

筆者注：「許丁丑後來補充說，那壯漢全身毛茸茸。西安水庫旁的三十四號道路，原本是在現有水庫

湖底，七十六年建水庫時被規劃在水庫內，現在所見是改道後的馬路。」

編註

❶「布巾」為舊有年代，小孩子上學用來包課本的布料。

❷「高麗衫」則是如同現在魚市場魚販所穿的圍裙。

萬善同歸（一）

採訪時間——民國90年6月1日
講述者——許公敬，75歲

民國四十一年，現在潭門港南側、郵局北邊轉彎處，有一公墓「萬善同歸所」。此萬善同歸墓園，是民國光復後，當地「萬興」、「古松」兩大家族長者不忍村內枯骨遍野，僱工撿拾合葬於此，立碑「萬善同歸所」。平時白天接近中午十二點鐘，只要接近該處者，都會發現整條馬路上有許多營兵在操練。

東嶼坪有一討海人，船隻來靠潭門港避颱風，因不知萬善同歸墓園陰靈顯赫，隨意在墓丘上撒尿，結果沒有多久即肚子痛，兩個小時後，一命嗚呼。

筆者注：「當地仍有少許人士，對於『萬善同歸』不加認同，結果與其鬥法，最後還是被『萬善同歸』兄弟給收服了。」

萬善同歸（二）

採訪時間——民國91年3月1日
講述者——許得盛，38歲（於高雄採錄）

民國六十六年期間，東安村靠近潭門港附近的「萬善同歸」墓園，當年駐防的阿兵哥連隊裡，有一老班長在墓園周邊挖藥草，當時肚子痛，竟在墓丘上拉了起來。那班長返回駐隊後，約兩個時辰，即一命嗚呼。

另外，當年一些婦女挑糞經過該地時，糞桶會無緣無故波動，甚至潑灑出來，而大家都心裡有數，只要好言相託，一下子就沒事了。

洗頭（二）

採訪時間——民國91年3月11日
講述者——陳麗香，當事者，59歲

民國七十一年，一日清晨五時許，中社村陳麗香起床煮早飯，掏了米便在門口埕內搓洗，米糠水順手往大埕外潑出，眼睛同時向外張望，耶？左前方陳啟霧家門口的古井邊，怎蹲著一個女孩子，正在打水洗頭。陳麗香揉揉目睭一眺，井邊女子身著白衣白褲，約莫二十五歲上下，猶自撩著頭髮，一上一下地梳洗著。

筆者注：「陳麗香有陰陽眼。」

洗頭（二）

採訪時間——民國91年3月20日
講述者——吳卓翰，警察，50歲

民國八十五年夏天，中社村漁駐所主管吳卓翰騎著機車在街道散步，黃昏過六點，機車從中社廟拐彎向南下，就在陳啟霧家門口的古井邊瞧見一個長髮、眉清目秀的十來歲小女孩，坐在井邊鞦韆上梳頭，鞦韆還一上一下的盪著。

吳主管將車靠近，「查某囝仔，這麼暗呀，還不回家？」對方眼眸輕瞥，又盪起鞦韆，依然同時梳著頭髮。吳卓翰又喚了一次，但對方還是不加理會，只微微張口，「喔。」接著又低頭梳髮，而我們的吳主管也知趣地油門一加，走人。

筆者注：「吳卓翰揣摩甚久，中社村的大大小小村民他都認識，唯獨不認識這小女孩，詢問多位鄰居得知，這小女孩已往生很久了。且奇怪的是，那古井邊根本沒有鞦韆，當時自己怎麼沒注意到呢？這小女孩同前頁陳麗香所描述的古井邊洗頭女孩，大概同一人。」

發寶

採訪時間——民國91年2月
採集者——林昭宏，35歲

民國八十七年六月晚，水垵村人王發寶（水垵村李王宮的乩童）騎車下東安村吃宵夜。騎車過中社村後路，快至岩川飯店上方道路往鴛鴦窟方向，路旁草叢忽然傳來女人喊住他的聲音。剛開始以為是風吹的錯覺，但接連數聲「發寶呀！發寶！」可真教人頭皮發麻。

心裡雖害怕，但人總有一種好奇心作祟，王發寶遂停下機車，順著聲音的草叢接近，說時遲、那時快，草叢赫然飄出一個臉色慘白、著白衣褲的女子，停留在半空中瞪著他，兩顆眼睛發出青光，嚇得他連滾帶爬逃回家。

家寶

採訪時間——民國91年2月

採集者——**林昭宏，親訪當事者，35歲**

民國八十八年初夏，水垵村王家寶與一群好朋友相邀到東籠抓章魚、撿珠螺。一群年輕小夥子高興地往海邊方向步行，途中，王家寶忽然感覺到馬路兩旁出現許多影子，直逼他們而來，那些身影所穿衣物，則是民國三十年代鄉村長者一般家居服，嚇得一群年輕小夥子飛奔逃回。

筆者注：「原道路兩旁多年來為水垵村老者安息地，這兩年道路施工擴充，破壞了許多墳墓，村民已有多人見過影子。王家寶與前頁主角王發寶為親兄弟。」

我爸我母喂

採訪時間——民國91年2月
採集者——林昭宏，警察，35歲

民國八十四年九月，水垵村「趙傳」晚餐後信步當車，由水垵村往布袋港而來，趁著暮色尚未昏暗，到布袋港修船廠巡視一下自己前天上架的小舢舨。人過鴛鴦窟岔路，突然一陣冷風吹襲，趙傳打個哆嗦，抖抖肩又上前幾步，耳邊忽有嬉鬧聲響，再跨個箭步，嬉鬧聲由一人增加至一堆，而且互相打鬧。

趙傳睜大眼睛張望，明明周圍百公尺均無人跡，再往右前方一望，啊！我爸我媽喂！前方墓園擠滿一群人，聲音全由那而傳出來。趙傳躡手躡腳，正待走到和墓園平行時，墓埕內的所有人形忽然瞬間全部轉身盯著他，這些好兄弟全部沒有五官，有些還沒手沒腳。我們趙老大嚇得跪倒在地，手腳痙攣。褲子濕了的他，當天好不容易才爬回家。

筆者注：「趙傳為假名。趙先生不願吐露真實名諱。」

橋墩上的女孩

採訪時間——民國91年3月11日
講述者——吳慶祥，80歲

民國十五、十六年間，現在西安活動中心前，舊時是一條大排水溝，孩童在此抓蜻蜓、釣青蛙，偶爾會有一隻或兩隻大毛蟹爬上土路，拾獲者可大飽朵頤一番。活動中心門前右方有一橋墩，入夜後常見一穿白洋裝的女子坐在橋墩護欄上，雙腳垂掛在大排水溝上頭，哼哼哈哈唱著歌。

西安村有一年輕小伙子和朋友喝酒返家，路過大排水溝，見那女子低著頭在

橋墩上唱歌，年輕人藉酒膽靠近：「小姐，妳是誰？」尾音未落，那白衣女子隨即起身，面容姣好，不似一般鬼魅青面獠牙狀，凝視他片刻後，化作一盞綠光，騰空往南飛離，飄忽中時明時滅，忽上忽下，一路飛到舊衛生所宿舍（白沙頭仔）上空，接著轉向飛到相公祠（西安社區牌柱）附近消失。

筆者注：「筆者曾聽許多人提及此事，今逢八十老翁重述一遍，更可言真。」

弄呼倒

採訪時間——民國91年3月11日
講述者——吳慶祥，80歲

民國五十一年夏天，正逢村里舉辦第六屆村長選舉，鄉公所財經課長張賢明（外省人）擔任中社村投開票所主任委員。當年本地一般民眾尚無機車，鄉公所則有兩台鈴木九十CC摩托車，張賢明配給一台。到了下午五時開票結束，張賢明便將票匭綑綁在機車後座，由中社村返回鄉公所。

車出社區，由尖山仔頂往南下坡，張賢明輕扶把手，懷著歡喜的心情，舉目所見，花木生意盎然，陽光溫柔灑落小徑。瞧這天光雲影，村民臉上個個洋溢著和諧氣息。正當張賢明在路上悠然奔馳，突然車前三個輪胎位距離，出現五、六個穿卡其衣服、背書包的小學生，手拉手攔截張賢明的機車。張課長一驚，趕忙緊急煞車，然機車已撞上那五、六個小朋友，頓時一片暈眩，頭殼秀逗，三魂七魄全飛。

就在張賢明嚇得魂飛魄散之際，耳邊傳來一聲：「弄呼倒！」整台機車遂同撞牆般反彈，但面前的阻擋卻不似牆壁，而是軟綿綿的。張賢明連人帶車向後飛出七、八公尺後落地，機車後座的票匭砸碎，張賢明則只有手肘稍微擦傷而已。

我要嫁尪

採訪時間——民國91年3月12日
講述者——許玉惠，35歲

民國九十一年元月初，中社村「黑撈仔」和丈夫「紅門」騎車到東安村中街買水果，中午十一時許，夫妻返程回家，車過望安國中下坡處，忽有一陣涼風從西側方向掠過，黑撈仔打從內心起雞母皮，頭殼發麻，雙手趕緊抓牢丈夫腰部道：「紅門呀，騎卡緊耶！」話才說完，機車突然煞住不動，黑撈仔罵道：「死人，叫你騎快些，你反倒轉停啦。」夫妻兩人正待大吵一架，背後忽然傳來輕聲：「妳替我找一個尪。」夫妻同時回頭，眼前一位十五、六歲的小女生，眉清目秀，圓形臉頰，著一身小翠花洋裝，直挺挺立在機車後面，雙手握住車子後置擔架。

黑撈仔心知肚明，忙回道：「我哪有法度？」女孩央求說：「我不管，妳一定要替我找一個尪。」黑撈仔全身發抖：「查某囝仔，拜託啦，我老人了，沒辦法替你找尪。」原本眉清目秀的小女孩登時面目一變，怒顏相視，語音尖銳犀利：「我不放妳們走！」

可憐的黑撈仔和紅門，就這麼杵在西安水庫的路中央，動彈不得。無可奈何下，黑撈仔只得撂下一句狠話：「妳不放手，我可就要施法囉！」那女子即刻鬆手消失。

筆者注：「黑撈仔說施法，其實是騙人的，她根本不會。」

日本囝仔

採訪時間——民國91年3月12日
講述者——陳淑美，民眾服務站職員，33歲

民國六十一年，望安鄉分局斜對面馬路旁有一防空洞，每日中午時分，在附近菜園澆水、種菜、拔花生的「阿葉仔」都會看見一位十歲左右的男孩子，全身脫光光在防空洞及沙灘間奔馳、嬉戲。

此事溯及日本時代，有一日本警察住在現在分局宿舍，當年本地流行霍亂，而這日本大人的獨生子不幸染病，且全身起皰疹，在沒有藥物治療下死去，之後，日本警察大人用一根鐵條從死去的兒子屁股插入，立在分局宿舍後方的沙灘上放火燒毀。

民國六十年以後，那日本小男孩到了每天中午或黃昏五、六點鐘時，便會在沙灘及防空洞間跑來跑去。並發出「唏、唏」聲，有時甚且停下腳步，和菜園裡的阿葉仔四目相望，開口說話。阿葉仔說，那日本男孩眉清目秀，說話時一副天真可愛的模樣，但只見他張口發話，並無確實聽見聲音。

筆者注：「當年霍亂流行，造成本地許多人冤死，因為日本人以染疫為由，將本地一些年老或精神較差者，一律燒死或放逐到無人島上，任其自生自滅。筆者採集此故事後，隔日下班特地到古井附近尋找防空洞，果真日本時代遺留的防空洞尚在，並有兩道樓梯可進入洞內，然筆者一向怕鬼，所以沒有進去，待有心人士看完本篇後，自行去探索吧。如需同行，筆者在『望安加油站』上班。」

阿桑

採訪時間——民國91年3月16日

講述者——吳卓翰，警察，當事者，50歲

民國八十四年夏夜，中社村漁駐所主管吳卓翰騎車到水垵村埔船垵安檢所巡班，時間一過十點鐘，吳卓翰和哨所同仁打過招呼，便騎車返回中社駐地。仲夏初夜，明月皎潔，微風拂送淡淡的花草香氣，吳卓翰車速減緩，深深吸了一口氣：「來望安四年了，雖然離家遠些，但此地勤務輕鬆，警民和諧，這不也是個好差事嘛！」一邊尋思，一路南下，車過天台山路口處，欸，右前方馬路邊水泥護樁怎坐著一位中年婦女，頭上披一條布巾，身上穿一襲小碎花洋裝，嫻靜地坐在護樁上。

咱們吳主管見狀，停下車趨前慰問：「阿桑，這麼晚了，怎麼還坐在這裡呢？」對方沒有回答，一直看著地上，不理睬我們的警察大人。吳主管迭聲詢問，婦人就是不肯抬頭也不回應，最後吳主管只好無奈黯然離開。翌日，他向左右村民詳查，才知昨夜的她，可能是二十幾年前往生的中社村民曾武雄妻子。

千軍萬馬

採訪時間——民國91年3月1日

講述者——吳麗玉，當事者，28歲

民國九十年冬天，東安村民吳麗玉偕三姐及姪女到水垵村二姐家打麻將，夜過十一時，三人共騎機車回家。途經天台山入口處，霎時一股冷風壓境，眼前起霧一片，吳麗玉大叫一聲：「啊！」兩眼緊閉，雙手緊攬三姐腰際：「快騎！」三姐阿蕊不明究理，油門一加，直奔東安村吳家。

回家後問明原委，三姐可嚇得直冒冷汗，原來，吳麗玉看見那片雲霧裡，千百個好兄弟由天台山小徑蜂擁而至。

筆者注：「吳麗玉為吳府宮乩童。當晚，吳麗玉就寢刷牙時，不慎被牙刷毛扎到牙齦，滿口是血。」

別叫我的名

採訪時間——民國91年3月16日
講述者——吳麗玉，28歲

民國九十年冬天，中社村曾志信和同班同學一起在西安村西海岸ＫＴＶ開同學會。夜過凌晨些許，曾志信自行騎車返家，車剛過望安國中下坡處，遠遠就聽到草叢旁傳來淒怨低嚎：「曾志信啊……曾志信……」這一魔音傳腦，迫曾志信轉頭一瞥：喔！路旁草堆旁怎麼站著一個身材纖細、婀娜多姿的女子，正和自己面面相對。

吃了一驚的曾志信油門一加，快速駛離現場向前趕路，可是耳際怎麼一股陰森森的凜寒逼近，迭聲輕喊：「來呀，曾志信……」

筆者注：「那股逼近的陰風，有如一堵門板，整片而至，差一點就令他翻車。曾志信說他一夜的酒酣耳熱之氣，不到三分鐘全消，而且全身由腳底一路涼到頭，涼意還從頭頂破殼而出。」

雙髻老婦

⑲

採訪時間——民國91年3月18日
講述者——許阿秀，當事者，58歲

民國六十八年夏夜，西安村許阿秀到東安村小姑阿葉仔家買剉冰。剛出家門巷口，就見前方許再敦屋前的菜園內，蹲坐一名老婦人，身穿灰色上衣，著黑褲，頭上綁有雙髻，低頭在菜園內種植蔬菜。許阿秀以為是鄰居紅杏婆，便開口道：「紅杏婆啊，這麼暗還在忙什麼啊？」對方卻低頭不語，不加理會，而許阿秀也沒介意，一路至阿葉仔家買冰。

回程時，那名菜園內的老婦一樣低頭蹲在園仔內，右手拿著耙子不停在土堆裡扒土。許阿秀又喊：「紅杏婆啊，你在忙什麼呀？」一連數聲，對方仍舊無動於衷，平常喜歡坦然相待的大姐頭這下可按耐不住，不待躊躇些時，直接踏步前去問個究理。一個箭步跨出，那蹲坐在地上的阿婆，同時遁入地底不見。

七月半

採訪時間——民國91年3月18日

講述者——許阿秀，當事者，58歲

民國六十五年至六十七年，農曆七月半晚上，各村里在廟埕門口普渡。西安村許阿秀只要將牲禮擺上桌，馬上躲進廟裡，因為她每年都會看見廟埕的供桌旁，擠滿一堆好兄弟，爭先恐後搶食供品及冥紙。這些好兄弟們個個青面獠牙，大頭大臉，一見焚燒冥紙就大把大把抓取，而另一些較體弱殘缺者，通通被排擠在後，無法接近。

頃刻間，廟裡數道刀光劍影倏地飛出，隔開大漢，讓一旁原本無法拿到冥紙者趁機靠近，分得些許。這頭的粗獷大漢發出吱吱聲，一手拿著冥紙，一手抓著祭品，往莊外而去。

筆者注：「民國六十七年後，許阿秀在每年元宵節三夜也足不出門，她說，因整條馬路都有好兄弟在看熱鬧。各位好友，且待明年起，我們來會會許阿秀大姐頭，打個賭，煽動她出關。」

雞蛋眼

採訪時間——民國91年3月18日
講述者——許阿秀，當事者，58歲

民國八十年，西安村許阿秀的女婿陳金柱，在東安村姚上勝家對面租屋，供給建築工人居宿。一天中午，許阿秀準備給工人煮飯，便去雜貨店買菜。循著姚上勝厝後往前走，剛走下階梯幾步，由後窗看進屋前客廳，瞧見一中年男子在厝內晃來晃去。許阿秀心想：工人全部在工地，怎麼十一點鐘就有人先回來？再下階梯數步，挨身貼近窗口一探，說巧不巧，大廳內的中年男子也停

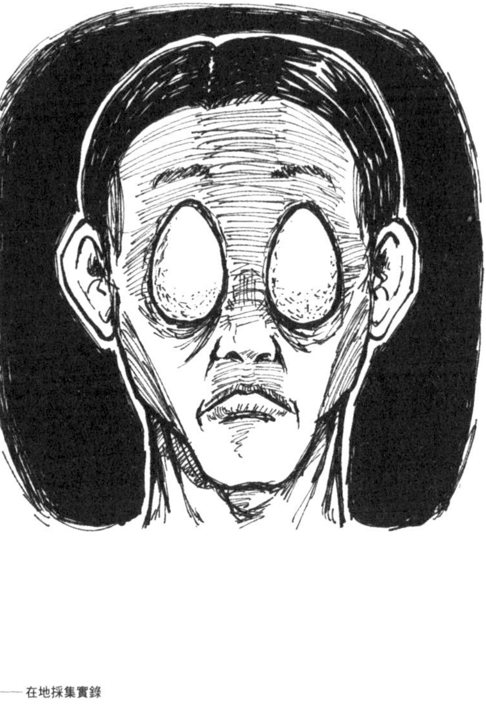

下腳步向她一瞪，夭壽！突如其來的照會，唬得許阿秀後退四、五步——那人五官還算正常，但兩顆眼睛如雞蛋大，且全是白眼球。

筆者注：「本故事與〈雙髻老婦〉、〈七月半〉，為筆者在上馬公交通船『光正六號』船上採錄。」

阿強哥

採訪時間——民國91年3月19日

講述者——吳麗玉，28歲

民國九十年初秋，東安村民吳明吉、夏文富及吳明吉三姐夫阿強，一同到花宅港釣墨魚。半夜凌晨，三人收竿返家，吳明吉和夏文富開車先行，阿強自己騎摩托車墊後。

主角阿強機車剛出莊外，車子就在往機場的岔路方向處拋錨了。阿強重複啟動，但一直沒能順利發動機車，後來又下車用腳踩，仍舊無法發動引擎。經半小時的折騰，阿強打大哥大求救吳明吉。吳明吉接獲電話，和夏文富和夏文富原車調頭，就在大燈視野能及範圍，看見阿強將車停在路旁，自己則抽起香菸，嘿嘿，乖乖！旁邊怎麼還附加一位長髮及腰、白衣白褲的不速之客？吳明吉和夏文富已知是那檔事，車到阿強身旁，比個手勢，不說廢話，回家囉。

筆者注：「那條往機場的岔路，本書其他故事中提及曾有豬母精和綠火、紅火追逐。另一可能是：想多看一下望安大酷哥。」

漂亮寶貝

採訪時間——民國91年3月23日
講述者——陳興德，當事者，45歲

民國八十七年夏夜，東安村民陳興德到水垵村找伍文進泡茶，返程車過海巡部隊後門道路下坡地，突覺全身起雞皮疙瘩，緊握把手的雙手又痲又酸，整個人如履冰庫一般，體溫逐漸下降，陳興德不敢怠慢，趕緊將車煞住靠邊。

約莫十秒鐘後，陳興德搓搓雙手、甩甩頭，啟動開關再走，嘿嘿，事情可沒那麼簡單，剛起步當兒，占據眼前視線這位一襲白色洋裝、長髮高挑女子是

誰？沒等回神，「嘶～」一聲，這身高一百七十公分以上的MODEL女郎卻飄然起舞，引路飛馳在前。

陳興德搔搔後腦勺，這路是該走呢？還是回頭好？遲疑中，又見芳蹤回頭，盤旋在他四周，啊！長嘆一聲，皮繃緊，走吧！

筆者注：「那漂亮寶貝一路相隨到布袋港附近才消逝，一縷白色洋裝在空中飛旋，正如電影女主角吊鋼絲飛越情景，一般遇到鬼魂都很可怕，她例外。又，採訪當日，正是筆者四十歲生日。」

鴛鴦窟

採訪時間——民國91年3月28日
講述者——吳卓翰，當事者，50歲

民國八十五年夏天某黃昏，中社村漁駐所主管吳卓翰和同仁鄭永康兩人到鴛鴦窟散步吹海風。回程時，偶然瞧見山坡上的涼亭裡坐著兩個高瘦男子，吳主管見天色已晚，而涼亭裡的人卻沒有離去的動作，順口搭訕道：「這麼晚了，回家啦！」

語畢，仍不見兩人起身回應，吳主管又重複一次，但對方始終不理會他，照樣背對他們坐著。同行的原住民鄭永康

心有所悟，忙道：「主管，別喊了！」腳步隨即邁開，發動機車駛離。車行三、四公尺，吳主管又別頭一看，「咦，阿康，人呢?」語音剛落，兩股陰風快如波音七四七，瞬間由兩人後頭躍過。

筆者注：「鄭永康發現那兩人坐著，但屁股根本沒著地，吳卓翰則被後面來風一吹，整個人嚇呆了。筆者向故事〈埔船垵〉的講述者、水垵村高榮富提及此事，他說小事一樁，平常夜裡到鴛鴦窟『打槍仔』就見過多次了。更勝一籌的事，水裡還多著呢！」

雞母輪

採訪時間——民國91年3月31日
講述者——許丁丑，當事者，71歲

民國二十五年農曆五月初六日下午，西安村民許丁丑在颱風過後，到土地公港巡視舢舨船是否沉沒。剛步行至「杉風仔」註，望眼就看見一菜園的咾咕石牆上，站著一壯碩男子，由石堆牆上這頭，以跳躍方式往另一頭尾端縱身飛躍。許丁丑趨步跟前，只見那中年男子由尾端的石堆牆上翻下，掉落地面後成一大字型人體趴著，又馬上形成一「雞母輪」，瞬間飄離地面，以滾雪球方式往土地公港方向奔離。

許丁丑拍拍胸脯，硬著頭皮，以半走半跑的速度尾隨跟進，以探個虛實。一路來到土地公港的崎頂，看見這滾輪模樣的煙霧團，突然化作一團煙火，往空中爆開消失。

筆者注：「鬼兄弟出現時，將自己包裝成一圓圈煙團，用滾動方式前進，俗稱『雞母輪』。許丁丑另外補充，日本時代，現在的西安國小西邊圍牆外，也常見雞母輪在『山仔』滾動追逐。」

編註

「杉風仔」為西安村莊外的田地。

打鬼

採訪時間——民國91年3月31日
講述者——許進傳，當事者，68歲

民國四十年，西安村許進傳等十來個人至大瀨仔外海捕丁香魚。入夜，一夥人收網返回村內，先行的幾個人挑著漁簍，後行的一部分人扛著漁網，一前一後逐個前行。剛離開海岸線（沙灘）五百公尺，走在最前的「勝仁」發現，前頭一團黑影，帶著一股陰森淒風逼近，大夥正猶豫是否再行，嘿嘿，倒是對方怕了，在離他們腳程二、三十步遠處，那黑色人影識時務地閃身趴在路邊草叢，讓出一條田埂路，給許進傳等一行人通過。

當他們靠近那黑影身側，走在最前頭的勝仁一聲：「哇，死啊！」說時遲、那時快，一個閃身，抽出扁擔，大喝「幹！」扁擔跟著「砰」的一聲，就朝趴在路旁的人影劈下。瞬間，夜深寂靜的「下產仔路」傳出劃破天際的「嘰——」聲，那人形化成一道黑煙，如同蛇行一般竄入地底消失，空氣中瀰漫著一股惡臭，如同腐屍所散發出來的味道。

當晚回家後，勝仁便一病不起，不久即告死亡。

筆者注：「許進傳判斷，那黑影會自動閃身趴在路旁，可能是看見前頭一堆人，而自己形單影隻，所以讓路，沒想到勝仁不知好歹，還打了他，所以要命囉。」

攔車

採訪時間——民國91年3月31日
講述者——許進傳，68歲

民國五十五年，某夜八時許，天空掛著半圓月亮，東安村的陳天全騎機車到西安村一〇五號許石基家裡打麻將。陳天全自許明晃家厝北往西安村而行，快到陳興圈厝前時，看見一黑衣黑褲、黑頭髮的老阿婆，披頭散髮坐在陳興圈厝南巷路的拱門，雙腳橫跨鄰家巷路，陳天全一顆心幾乎從嘴巴吐出，眼前一片昏花，頭腦一陣鼓脹，口水還沒吞下，「碰！」直接連

人帶車往牆角硬鑽，登時手腳都擦傷、流血，牛仔褲破兩個大洞。

筆者注：「陳天全撞車後的那半年，麻將場場輸。」

火藥

採訪時間——民國91年4月
採集者——林昭宏，警察，35歲

民國四十年，水垵村民翁魁星（已歿）正值壯年，當時的漁民大部分靠炸魚維生，有次向人購得一顆美國製的大型未爆彈，翁魁星和同夥興仔便利用半夜，偷偷將埋在天台山下的炸藥，分裝運回水垵村掩藏。

是夜，翁魁星和興仔撬開彈殼，起出火藥，裝入麵粉袋，兩個人摸黑扛著大袋彈藥粉爬上陡峭岩壁，攀爬得氣喘如牛。上到天台山後，放下袋子坐在草地上休息，此時，翁魁星半彎著腰活動一下筋骨，「欸，興仔，死啦！」

坐在一旁的興仔跳起來，順著翁魁星的手指方向一看：「啊，免弄啦？」興仔跌坐在地，頻頻歎道「嘸彩工！」原來，天台山腳下剛剛拆散的彈藥粉這下全點燃了，還發出一片紅通通的火光。兩人拔腿衝回放藥粉處，怪了，彈藥粉仍一包包放在地上，周圍並無異樣啊。

翁魁星叫興仔留在原地，自己又背一包炸藥上山。一到山頂，翁魁星不待放下肩上炸藥，馬上回身眺望山腳的興仔，我爸喂！山腳下興仔的身旁，大概站了二十幾個身穿日本軍服的士兵，還有些缺手缺腳的拄著拐杖，而興仔跟前的彈藥粉又一團團冒出火花，翁魁星壓聲低喊：「興仔，快起來呀！」跟著上山後的興仔轉身一看，差點沒驚死。兩人就這麼站在天台山頂，看著山腳不斷冒火花的景象，以及那二十幾個徘徊原地的日本兵。

筆者注：「當晚，為保護那些彈藥粉末，翁魁星和興仔兩人在那兒直待到天明。後請來『土公』鏟土，竟挖出一大堆白骨。骨骸實在太多，便又原地回埋。左右鄰居紛紛告誡翁魁星犯忌，如不請道士超渡，可能性命不保，會惹來麻煩。結果我們鐵齒的翁伯伯不信邪，活到九十歲，在民國九十年二月初往生。此篇故事為林昭宏警察於民國八十九年聽當事者自白。」

望安女孩

採訪時間——民國91年4月4日
講述者——陳文勇，41歲

民國六十七年某一夏夜，西安村的陳文勇姐夫陳文進（澎湖湖西鄉人），和一些朋友在望安各村替人起厝。晚上閒來無事，就相邀至中社村找女孩子拍拖。四個年輕小夥子阿發、興德、福成及文成各騎一台一二五ＣＣ摩托車，拉風地前往中社村。一路瀟灑行進，當車子經過望安國中後壁下坡，轉個彎至花宅港邊，隊伍前頭的阿發赫然看見路旁橋墩上坐著一個穿白色洋裝女生，狀似低頭沉思。後頭的文成見狀吹了一聲口哨，將車子拐近女孩身旁，直接上中社村找妹妹。

時間過午夜十二點，四個滿面春風的少年家，原路返回陳文勇家睡覺。路過花宅港屠宰場旁，哇！只見那長髮姑娘仍背對馬路、動也不動杵在那兒。前頭的興德踩住煞車搭訕：「小姐，我載妳回家。」對方沒有回答，仍靜靜坐在橋墩護欄，過了一會兒，興德見她仍不理會，只好加足油門，悻悻然追上其他三人。

精采絕倫的故事就在這裡：當興德超車越過三人時，三人同時看見興德機車後座，竟然坐著剛剛那位小姐，還摟腰抱著興德。眾人嘻笑消遣：「惦惦吃三碗公半」，一下就泡上馬子，更將車子追上前去，準備好好取笑興德一番，就在相隔一個車距時，定睛一看，個個傻眼，機車上那女孩是半透明的，且機車大燈一照，竟可直接看到興德背部。大家不敢再多話，戒慎緊張地尾隨興德後面，經過國中、國小，轉彎來到西安村活動中心門口，便見那女子眨眼化作一條白色大蟒蛇，鑽入咾咕石牆下消失。

筆者注：「回家的路是在望安國小旁，而興德卻一路騎到活動中心。三人說路上曾聽見對談聲音，然事後興德說，沒有和人說話。那條蛇約有一米半長，又大又粗。」

水姑娘

採訪時間——民國91年4月21日

講述者——陳麗閔，當事者，28歲

民國九十一年四月十八日子時，東安村賣冰品的老闆娘陳麗閔，正準備收攤歇息，突然「山寮」[註]的小娟來電，叫了四份綠豆冰沙外送。陳麗閔扭電攪冰，順手撥電話給家裡的丈夫阿泰仔，叫他起床顧店，免得外出後，店鋪無人照應。

哎！說來氣人，阿泰仔就是不起床，硬要老婆關門再外出。陳麗閔沒輒，只好半掩店門，驅車下「山寮」。當機車一路下坡，快速到達小娟家厝後，忽然「嘯、嘯」一股冷風掠近，阿閔一陣哆嗦，趕忙煞車，見眼前方十公尺處，一位年輕女子長髮披肩及腰，臉龐清秀，輕盈婉約，挪步捱近，陳麗閔被嚇得「啊！啊！」尖叫兩聲，前方女子把頭一撇，化作一縷輕煙消失。

陳麗閔送完冰回店時已過凌晨，她手腳伶俐快速收拾吧台，準備關門休息。方才那幕驚魂記，足以教她嚇破膽，不容思索片刻，快快收攤回家。陳麗閔一面心裡嘀咕丈夫，手中的抹布仍有條不紊擦拭著，一個回身，門外陣陣輕煙緩緩飄入，直飄到吧台前，霎時化身一女子，臉蛋白皙靜謐，長髮依然披肩至腰，一雙黑溜溜的大眼睛瞅著她。整個店鋪空氣頓時凝結，陳麗閔感到呼吸困難，連退數步，貼牆撐著身體：「妳別嚇我！」

筆者注：「兩次巧遇，可確定同一女子。陳麗閔道，在店內吧台前，瞧她溫柔嫻靜，輕俏飄逸的樣子，照面時並不可怕。只是當她離去當兒，僅見一顆頭顱及一束長髮，怎不見下半身呢？」

編註

「山寮」為東安村中宮廟周邊住家聚落，依地形傍居而稱。

望安傳奇——

輯三● 海域有鬼

無目睭

採訪時間——民國90年6月4日
講述者——許明連，31歲

本故事為許明連從「紅狗仔」孫兒處聽來。

民國五十年左右某天半夜，東安村民「紅狗仔」至萬善宮南邊海域扒網。按照以往慣例，紅狗仔將衣服與魚簍放在沙灘上，然後開始整理扒網，待潮汐滿漲時，便下水扒網。由於他的技術高超，扒個二、三次網就可以滿載魚簍，興高采烈挑回家，準備明兒一早可賣魚賺些零錢。哪知翌日清晨，紅狗仔打開

魚簍，「哇?」魚簍內的魚全部沒有「目睭子」（眼睛），這下紅狗仔氣壞了，心想一定是好兄弟作怪。其後一連數天，都是如此。

一星期後，紅狗仔帶了四果、牲禮、紙錢及八卦網[註]，到達海邊後，將帶來的牲禮擺上，口中念念有詞，希望好兄弟別捉弄他。祭拜一番後，將冥紙燒了，起身整理扒網，準備下水捉魚去。待一切就緒後，紅狗仔卻沒有下水，反而將手中的八卦網往祭品上一拋，瞬間，寂靜的空氣中發出「吱、吱」聲響，紅狗仔靠近一看，八卦網內有一支骨頭，於是東西一收，用八卦網將骨頭包回家。到家後，他將骨頭吊在玄關的脊樑下，而那根骨頭整整哀嚎一夜。隔天一早，紅狗仔將骨頭壓碎摻酒，一仰而盡。

從那天起，每天晚上紅狗仔到海邊扒網，只要人一到海邊，就會在空氣中聽到：「那個吃鬼的人來了。」

註

八卦網在五十年前，是按金、木、水、火、土等五行編織，可以用來擒妖、伏魔。

烏龜蛋

採訪時間——民國90年6月15日

講述者——許清源，當事者，36歲

民國八十年，朱文前、姚德育、許永福及許清源一同到南坪「萬善宮」前撿拾海龜蛋，話說姚德育紮步蹲下行動時，對面的許永福卻看見一位老婆婆就搭在德育旁邊，盯著他查探海龜蛋。待「過仔針」註出地面時，永福發現整隻過仔針全都是血，還在淌淌滴。

回程時，許清源載姚德育，許永福載著朱文前，一路上許清源眼看著許永福車子繞來繞去，像是不停在閃躲，有時

乾脆停下。大家都沒有多說話，直到回家後，問許永福什麼原因？他說：「一個阿婆仔，在我們撿烏龜蛋時，就一直搭偎在身邊，回程時，又一直擋在我車子前面，所以，我的車不停閃來閃去。」

註

「過仔針」是一種判斷沙堆中有無海龜蛋的工具，利用鐵線條，將尾端磨尖，另一端套個木材作手把。看見烏龜窩時，先用過仔針插入沙堆，如有烏龜蛋被插中，那針頭一定會有黏液及腥味。

圍網

採訪時間——民國90年6月21日
講述者——王進富，當事者，52歲

民國七十五年夏夜，水垵村王進富拿網至水垵港仔東邊圍「黑尾東」註，時間在半夜十一點許，潮水剛好退到玻璃絲網外，魚兒在網內碰碰跳；王進富捲起褲管，涉水抓魚去了，漁網才收起一大步的距離，就察覺漁網那端有一道光閃爍，看似有人正低頭在解他網內的魚兒。王進富定睛一看，耶？果真有人。此人額頭上還戴著探照燈，王進富心想，同是望安人，絕對沒有人那麼大膽及貪小便宜，可能是外來觀光客好奇，抓抓他的魚好玩，於是王進富不加理會，繼續收他的魚網。

時間約過十分鐘，對頭那人並未停手，照樣一步步一節節的收網抓魚。這下可氣毛了王進富，順手在水裡撈起一塊石頭就拋，並大聲說：「你在幹嘛？有分寸一點！」話音一停，對面那道光線，剎那間亮度增強百倍，對著王進富直射過來。當那道強光亮度直射心房，真有一股錐心泣血之痛，此時王進富即知事情不妙，連網也沒有收，拿著魚簍快溜啊。

隔天，王進富脊椎骨疼痛不已，足足躺在床上一星期。

註

「黑尾東」為鯛科魚類。

撈魚栽

採訪時間——民國90年6月30日
講述者——張明男，當事者，64歲

民國四十年某個清晨，水垵村張明男在布袋港口「撈魚栽」註。東邊天空才稍微露出一線曙光，張明男自個一人拿著魚撈（網魚栽器皿），腰間綁著一個大水桶，下水準備裝魚苗。他站在水位大約肚臍上下之處，不斷來回撈著水面。正當張明男將網中的魚苗瓢到水桶內，有一女人，包著頭巾，只露出兩眼，從前方朝張明男靠近；張明男揮揮手道：「別太靠近，免得網具勾到。」對方側身回應：「撈多少，有兩百尾沒有？」

語音才落，那包著頭巾的女人已過張明男身後，張明男答道：「差不多一百五十尾啦！」同時回頭看了看對方。別說眼前，整個布袋港空無一人，就連岸上也沒任何動靜，哪來包頭巾的女子？

張明男心頭一陣疙瘩，網具一收，立刻扛著魚撈回家。說也奇怪，腳一著岸，不知哪來一頭豬對著張明男「咯、咯」大吼，嚇得他大聲嚷嚷：「我爸、我母喂！」沒命衝回家。

筆者注：「以前有人在布袋港看見一隻大母豬，見人就咬，聽說被咬到的人，傷口不易癒合。」

註

「魚栽」一般指虱目魚或石斑魚苗。

落下顎（一）

採訪時間——民國90年6月20日

講述者——許建勝，警察，34歲

民國七十五年某天上午，村民許石由自己一人帶著玻璃絲網，到西安村土地公港南邊的大瀨仔白沙灣海域，在淺灘邊圍起臭肚（象魚）。大概上午十一時許，許石由收起網子，背著魚簍回家去了，途中卻發現蛙鏡忘了帶回，於是將魚簍及網子放在路旁，返回大瀨仔海邊拿蛙鏡。

正當折返時，眼前冒出一位年紀約五十歲左右的男子，對著他微笑。許石

由正疑心此人是誰，一轉眼，那人的下顎瞬間掉下，整個臉龐足有四十公分長，露出一個血盆大口，一邊張開雙臂，挪步圍抱許石由。

見此突發狀況，許石由嚇得拔腿就跑，一路上直喊「我爸、我母喂！」而那下顎特長的男子則搖搖晃晃、緊追在後，不肯罷休，一直尾隨追到村莊裡，方才不見。

筆者注：「許石由跑回村內，正巧遇到許建勝父親，許建勝父親叫住許石由，才使許石由停下腳步，回神過來。」

落下顎（二）

採訪時間——民國91年4月16日

講述者——呂正男，65歲

民國二十七年左右，西安村人陳奇強到大瀨仔淺灘釣魚。日頭接近晌午，陳奇強提起魚簍，準備繼續到長瀨仔釣場。一回身，他就看見遠處有一人影趴在岸上公墓旁。且說，陳奇強邊走邊側身注視，耶？怪了，怎有一中年婦女在此啜泣，還發出「呼呼」的淒厲哀號。

陳奇強扛著魚簍走近婦人身邊勸她：「查某人啊，不要在這兒哭，如有家庭因素，也要忍耐，快回家去吧。」一面規勸，陳奇強一面將手按在婦人肩上搖晃，怎奈趴在墓碑上的婦人始終不肯抬頭，也沒有回應。

不識趣的陳奇強並未停手，反而更加用力搖動，一陣推移後，那婦人轉頭起身，雙眼發出深邃綠光，下顎落下及胸，口中吐舌貼地，氣勢森然逼人。這頭，陳奇強大喊一聲「啊娘喂！」隨即釣竿、魚簍一甩，起腳就衝，而那深眸厲齒婦人挾著一股寒風，飄身追趕，一路發出「嘻嘻」殺氣，腳程緊鄰二、三個大步而已。陳奇強沒命跑呀、跳呀，忽然聽得狗聲狂吠，那婦人才頓住腳步道：「畜生救了你，否則你哪有命呀！」

筆者注：「陳奇強是在快靠近天后宮廟後壁，才被狗叫驚醒回神，同時也見那婦人停止追趕。婦人的舌頭，至少有一公尺長。又，通常會在海邊哭泣，又會追人者，大部分為落海死亡，而且會找替身。」

撿海螺

採訪時間——民國90年6月15日
講述者——陳迫祿，當事者，67歲

民國六十九年，西安村民陳迫祿到土地公港南邊的大瀨仔及長瀨仔釣魚，當釣起一條魚，側身放入魚簍時，發現身旁約二十公尺遠有一婦人戴草帽、穿卡其褲跟雨鞋，蹲在一岩石旁撿海螺。

讓陳迫祿不解的是，剛剛四周明明沒人，怎一會功夫突然一婦人出現在自己旁邊，況且那婦人背影並非相識之人。更奇怪的是，從海岸線涉水至此，距離遙遠，一般女人無法抵達，而婦人身上看起來根本沒濕，她又是如何蹲在此處呢？

陳迫祿回過神來，釣勾弄好餌，內心仍七上八下的，順眼尾瞄去，耶！那婦人已經不見了。他馬上轉身四處查看，然整個大瀨仔海域，除了他以外，什麼影子也沒有，就連離他有兩百公尺遠的岸上，也沒任何異樣。

筆者注：「望安地方小，一般婦女會在離自己社區較近的海域活動，通常同村的人只要聽聲音或看背影，便可知曉。」

搶魚（一）

採訪時間——民國90年6月30日
講述者——吳英雄，當事者，63歲

民國六十一年，東安村吳英雄一日中午到布袋港外的長瀨尾圍網，當網子一直線放完後，他回過頭來準備拍打水面，好讓魚群驚嚇入網，水中突有一人和自己擦身對游，此人戴一副水鏡，全身赤裸。

吳英雄納悶：剛剛下網時不見有人，怎麼網一下完，就有一人和自己對面相游？於是浮出水面，瞧瞧何許人也。

鑽出水面後，吳英雄四周張望，沒見什麼人，便又再低頭潛入水中，眼前黑鴉鴉一片，哪來的打赤膊男子呢？

吳英雄急忙向岸上一瞧，剛剛那赤裸男人，已經揹著一網袋的魚走了。

此景由不得吳英雄思索，光天化日之下，如何上演這一幕搶魚鏡頭？況且只有短短幾分鐘而已，那人竟能夠立刻自相遇地點往兩百公尺遠的岸上離去。

筆者注：「若遇著此種情形，那次下的網，絕對一條魚也沒有，因為『祂』已經全要了。」

搶魚（二）

採訪時間——民國91年2月27日
講述者——陳天助，當事者，67歲

民國七十一年前後，東安村民陳天助和林豪吉一起到南坪萬善宮南邊「戶頭角」註刺紅章、抓烏仔魚。時間大約上半夜十時許，林豪吉在一塊大岩石下發現一條烏仔魚，但魚身卻留三分之二在石縫中，林豪吉將燈仔火放在地上，雙掌合抱、用力拉扯，突然間一股冷風趕來，強力地壓住豪吉雙手，迫使他一陣酸痲而放手，同時間，他清楚看見一黑影輪廓，起身一轉，飛離地面遠去。

註

「戶頭角」是望安第一公墓南邊的一處沿岸地名。

青衣長袍

採訪時間——民國90年7月1日
講述者——陳州雄，當事者，63歲

民國四十六年，東安村的陳州雄以及陳世耀兩人，一同至南坪萬善宮南邊釣魚，中午十二點多，陳州雄釣起一條「白毛仔」註。放好魚，重新勾餌，手一揚，用力將甩竿拋出，不想釣線勾住了。

陳州雄放下釣桿，回頭尋找勾線的地方，當下見到前方二十公尺處，一個穿著青色長袍，雙手過膝，身高六呎多、臉如水盆大的人，面無血色杵在那兒。陳州雄小聲喊著陳世耀，世耀也回頭，一看，兩人全愣住了，呆呆站在那兒和這不是人的兄弟，觸目相對，一動也不敢動。

那不是人的兄弟，看了陳州雄及陳世耀好一會，之後便雙手一搖一擺，好似廟裡的七爺八爺，悻悻然離開，在萬善宮轉角處，化作一縷青煙，消失於空氣中。

編註

「白毛仔」，舵科魚類，本地俗名又叫「開基魚」。

惡作劇

採訪時間——民國90年6月30日
講述者——陳阿彪，51歲

自民初時，現在布袋港口即是望安的主要對外交流港，不管是本地人或是外地商人，都將帆船停靠在布袋港，夜間只留一兩人在船上，其餘的人上岸回家，或到商家喝酒睡覺。留守在帆船上的水手，半夜常被吵雜的噪音吵醒，個個揉著惺忪的雙眼探頭張望，遙見岸上有二、三十個小孩子，正合力拉著帆船的纜繩，準備讓帆船觸礁。水手們一慌，趕忙跳下船要上岸好好修理這群小朋友，然而雙腳一著地，「耶?」什麼都沒有，四周一片死寂。

筆者注：「早年一些種田的婦女，都會利用清晨或黃昏到布袋港淺灘上，挑一些海菜、海藻至田裡做堆肥，也常常碰見一些小孩子在背後丟石頭。有時則是一擔二十斤的海藻挑上岸後，發現裡面摻雜小石頭，每擔變成五十斤。」

擲石頭

採訪時間——民國91年2月3日
講述者——陳孝，當事者，71歲

民國三十六年，西安村人陳孝時年十六，和幾個大人一起捕丁香魚。一夜，船隻停在西安土地公港外海，幾個大人搖著小舢舨靠岸，只留陳孝在船上顧船。大人走後，陳孝坐在船緣抽菸，看著幾個大人的身影魚貫式一個挨著一個，準備爬坡。陳孝還清楚看見崎頂上站著一人，拿著石頭向那些回家的大人投擲。

奇怪的是，眼看幾個大人都被石頭擊中，就是沒有人喊痛或有查看的動作。陳孝看傻了眼，摸摸後腦勺，轉身遁入船艙睡大頭覺。

筆者注：「西安土地公港口的土地公廟，是民國六十年合資新建的，同時也把港口定名為『土地公港』。建廟後，一些鬼魅之事就消失了。」

人頭魚

採訪時間——民國90年6月13日
講述者——陳定杉（阿坤），48歲

民國四十年，阿坤的父親在現在布袋港位置一石滬旁，發現一群烏仔魚，估計有上千斤，他趕緊拿自製土炸藥，準備炸魚。當點燃引信要投擲時，水裡一千多斤的烏仔魚，瞬間化成一顆顆的人頭。此景令阿坤父親心中一震，怎奈炸藥此時便在他手中爆炸裂開，自此，阿坤父親右手殘廢。

筆者注：「據說當日事情發生前，就有一村

民發現這群『烏仔魚』，當他要點炸藥炸魚前，隨行同伴察覺有異，趕忙制止。兩人離開半小時後，阿坤父親就到，在沒有隨行同伴的觀護下，造成失手。事後阿坤父親表示，炸藥爆裂當下，水中冒出的人頭個個睜大眼睛瞧著他，那情景真是無法形容。」

清朝兵

採訪時間——民國90年6月17日
講述者——許金次，當事者，62歲

民國八十二年，西安村人許金次常常獨自一人到大瀨仔及長瀨仔圍網。有一次收網上岸，蹲在岩石旁邊卸魚，突然瞧見距離三、四十公尺遠、自己放衣褲的舊砲台旁，有四、五個穿清朝時代衣服（青色長袍）的人，圍著他的衣服打轉，一邊聊天，一邊對著他的衣服指指點點。許金次嚇得牙齒上下打顫相磨、口水直流，魚和網都不要了，躡手躡腳溜回家。自此，許金次早晚晨昏到海邊抓魚必定由女兒或老婆做伴，否則絕對不敢去。

筆者注：「民國八十七年後，許金次又自己一人到長瀨仔及大瀨仔圍網，因為女兒長大了，工作的工作，外出讀書的讀書，老婆也不願陪他曬太陽了。各位讀者朋友，許金次接下來會不會再遇到好兄弟。待我繼續訪查許金次，尋找更刺激、詭異的靈異事件與你分享。」

你在幹嘛

採訪時間——民國90年6月9日
講述者——許石山，53歲

民國六十五年，西安水庫對面海域，也就是花宅港仔，朱武背著網子及魚簍到花宅港仔圍「黑尾東」註❶。到達海邊時，發現距離兩百公尺遠的南面水中有一人在收網，朱武心想，海水還沒退潮，這個人怎麼在收網呢？他到底是「山雞」還是「海鴨」註❷，怎麼不懂潮汐呢？

朱武自顧自整好漁網，順著岩石旁靜悄悄游出海，深怕驚嚇魚群。第一次收網時，魚獲量很好，上了岸吸口香菸，又第二趟下水去了，不料才游出十幾公尺，整個人一直往下沉，背在肩上的網，如同一座小山一般，壓得朱武有些溺水，趕緊拚命向水面浮出，同時將背上的魚網甩開，游回岸上。

好不容易回到岸上，朱武整個人趴在沙灘喘氣，尚未恢復神智，周邊卻傳來冷冷一句：「你在幹嘛？還不回家？」

編註

❶ 黑尾東，鯛科魚類。

❷「山雞」，指一般路上工作者；「海鴨」，真正討海人，懂水性、潮汐。

是誰

採訪時間——民國91年3月2日

講述者——許得順，40歲

民國二十年左右，水垵村黑鳳婆的丈夫，常利用晚間到水垵村東邊海域捉章魚。那夜將近農曆中旬，月亮皎潔清澈，黑鳳婆丈夫提著燈仔火一路循著海岸線找尋紅章，一邊拿著螺勾在岩石旁攪動著小石塊。忽然間周圍傳來「呼～呼～」的喘氣聲，他抬頭一看，瞧見岸邊小山坡上，有個穿著白衣白褲的男子，抓著一把石頭一顆顆向他投擲，且不斷發出「哈哈」的笑聲。

筆者注：「筆者在高雄採錄此故事，當夜借宿許得順家。」

收網

採訪時間——民國90年6月30日
講述者——張明男，當事者，64歲

民國四十年冬天，水垵村民張明男和父親到天台山窪下收網。天色尚未明亮，張明男和父親兩人蹲在岩石旁避風等潮汐，張明男拉高衣領、閉著眼睛小歇一會，一旁的父親則吸著菸禦寒。

父親遠遠瞧見一人靠近，手裡拿著浮桶及水鏡，在離他們二十公尺處掛鏡下水，便伸手搖醒張明男：「那人是誰，他也要收網嗎？」張明男眼力好，仔細一瞧，此人雙腳離地三吋，走起路來輕飄飄的，是人？還是……鬼？父子倆目瞪口呆看著那人游下水去，待他游出海後，兩人跑上前去一瞧，果真此人走過的沙灘，連一個腳印也沒有。

筆者注：「此好兄弟生前一定也是討海人。一般情形，遇此類狀況不用說，就算在海裡圍一整夜的網，一定沒半條魚，因為好兄弟已經在你收網之前，替你把魚抓走了。」

扒網

採訪時間——民國91年2月3日
講述者——許公敬，75歲

民國三十五年前後，西安村的陳再來和狗來兩個人撐著小舢舨，至土地公港對岸的無人島「籠塭」扒網。

時間約在中午十一時許，潮汐正好，兩人相隔十公尺各據一頭，緊接著狗來便相中一群臭肚（象魚）拋網。拉網時，整張漁網在水中抖動、亂竄，狗來心想：這下可不得了！扒網一離開水面，卻連一條魚都沒有。狗來開口就嚷：「幹你娘，有鬼！」口中一邊罵，雙手一邊收網，轉頭向再來說：「真的有鬼。剛剛整個扒網內全是魚，怎麼離開水面便沒半條？」

話落沒多久，忽然聽到背後約三十公尺處，有人扒網下水的聲音，再來和狗來兩人同時回頭，瞧見一個上身赤裸的中年男子，僅穿一條麵粉袋做的內褲，也在扒網。

筆者注：「陳再來是許公敬父親，狗來仔是許金次父親。籠塭是一塊無人島，距離土地公港約有一公里，如果沒有船隻搭載，游泳是無法到達的。整個籠塭只有他們兩人，怎麼會多出一個扒網的人？」

喝米酒

採訪時間——民國91年2月3日
講述者——許光男，65歲

民國四十二年後，現在東安村潭門港、門口港的旅客候船室及望安加油站等處，均為珊瑚礁淺攤，西安村阿望及許光男等幾個好友，常相約於此處圍網。

有一次大夥相約圍烏仔魚，七八個人將衣服及魚簍放在沙灘上，陸陸續續下水圍網去了，許光男走在最後，忽然聽到放衣服的地方有聲響，回頭一看，唉唷，我爸我母喂！只見放魚簍的地方站了兩個人，全身白衣白褲，腳未著地，感覺有些透明的樣子，接著拿起他們帶來的米酒就喝了。許光男不敢驚動大家，依照往常抓魚方式，只是自己內心總覺得毛毛的。上岸後，大夥輪流喝米酒，就許光男不敢喝。當晚所抓到的一大簍烏仔魚，全部沒有眼睛及魚尾巴。

兵勇武士

採訪時間——民國91年1月27日

講述者——吳清源，58歲

民國八十六年夏天，西安村許武德先生中午至門仔邊圍網，他首先將帶來的玻璃絲網連成一直線，然後下水放網。

事有蹊蹺，許武德在水中準備放網時，卻找不到網的起端，整張網自動圍成一大圓圈，並將他困在網中央，許武德潛入水中一探，赫然發現四周海域，出現三、四個全身赤裸的男子正拉著他的網，自行放網圍魚。許武德浮出水面換氣，且待他們也鑽頭露出時，好好「幹你——」一番。

一將頭伸出水面，許武德兩眼往岸上一看，「我爸喂！」整個沙灘上一字排開至少二十人，個個都面對著他，手中握著石頭向水中丟擲。

筆者注：「三、四十年前，當地討海人至海邊放網，通常都脫光光。岸上的人丟石頭，則是在驅趕魚

群，讓魚兒驚嚇入網。那天，許武德回家後，一段時間精神恍惚，憶起岸上那些人身上穿的衣服，胸前都有一個『兵』字或『勇』字。」

母湯落去

採訪時間——民國91年2月21日
講述者——吳峰雄，當事者，63歲

民國八十九年夏天，望安本地鄰近海域碇鱗魚[註]正肥，東安村吳峰雄(阿將)中午帶著扒網，至鯉魚山及門仔邊附近抓魚。

吳峰雄站在岸邊石頭頂遠眺，約一炷香時間後，水面一片光芒反射，一群碇鱗魚由鯉魚山方向，順著潮流來到門仔邊沿岸。吳峰雄脫掉拖鞋及上衣，雙手掠掠扒網，以半彎腰迂迴方式前進，待涉水及腰，雙手舉高，側身反拋漁網當

兒，耳際忽傳來一聲：「母湯落去」，吳峰雄頓然收手，抬頭搜索整個門仔邊海域，看是誰在說話，然四周悄然，並無異樣。

重新再整裡扒網，眼前那一大片碇鱗魚依然集結在距離不到兩公尺的水面上，且看阿將雙腳站穩，屈勢使力，這時，眼前閃出一個瘦弱如柴、滿臉長鬚的老者，以深邃無神的雙眼瞅著他。

筆者注：「阿將回憶，自老者處逃離到岸上那二十公尺，如同千里跋涉、寸步難行，內心一團糾結。在故事〈你還不回家（二）〉中，吳峰雄曾揚言：不再去門仔邊和鯉魚山圍網。事隔多年，舊傷已癒，今日高粱灌兩瓶，扛網再上戰場，嘿、嘿，又碰到了啦。」

編註

碇鱗魚，銀漢魚科類。

白色絲帶

採訪時間——民國91年2月24日
講述者——張玉花，39歲

民國七十年前後，水垵村人張玉花聽鄰居阿滾祖母說，鴛鴦窟沿岸，每逢農曆初一、十五日，村內一些婦女常半夜相偕到那兒撿海螺，因為是朔、望二節海水大退潮，淺水海域終會浮出幾塊小岩石（平時潮汐仍在海裡，大退潮才易浮出水面），大夥都喜歡爭著涉水到那幾塊岩石撿海螺。

若不是初一、十五日的潮汐，仍能看見一條平坦的潮間帶，由鴛鴦窟淺灘延伸至粒仔（凸壿）。一些不知蹊蹺的婦女、姑娘便順道往深水海裡前進，然而只要人一到達該處，不用十分鐘，就會看見一女影哈哈大笑，撩起衣袖，消失在黑暗中。

筆者注：「撿海螺的婦女若遇深水及胸時，便得由岸上這頭人員搭救，或者家裡的男人來背負過海。事後，眾人談及那條潮間帶，認為即是那女影的長衣袖。」

打水針

採訪時間——民國91年2月26日
講述者——許清上，當事者二兒子，36歲

民國八十四年夏夜，西安村民許清心（已歿）開著舢舨到鯉魚山及馬鞍山嶼附近海域「打水針」註❶。九時左右，許清心順著鯉魚山下游銜接門仔邊下網，約莫五分鐘時間，二百多公尺的網已拋完，隨即拿起「電光鏡」註❷向四周掃瞄，好讓水針魚受驚嚇入網。舢舨在鯉魚山及門仔邊間來回三、四趟撩水，電光鏡也跟隨四周打光。一次迴轉，許清心雙肩一抖，全身發寒——見到五十公尺前方，杵著一個白衣白褲的男子，就站在鯉魚山及門仔邊中間的鐵塔下。

編註

❶「水針」，鱵科魚類，一般大餐廳的做法為碳烤方式品嚐。
❷電光鏡，照明燈。

替身

採訪時間——民國91年2月

採集者——林昭宏，警察，35歲

民國九十年，有一外來戴姓釣客到東籠釣魚，同地點尚有其他兩釣客，共同拋竿釣白毛魚。一陣揚竿後，戴姓釣客在接近中午拉起一條兩斤重的大白毛，旁邊的另兩釣客也靠近過來讚賞一番，隨後戴姓釣客便高興收竿返回村內。

午飯後，戴姓釣客又重回東籠釣魚，早上同在東籠釣魚的另兩釣客仍在附近甩竿，見戴姓釣客又來，便禮貌地招呼一聲，繼續各釣各的魚。但兩人內心納悶的是：東籠這個岩石陡峭、崎嶇不平的海釣場，戴先生身後怎麼跟著一個中年婦女同行呢?不過，此人走起路來如履平坦馬路一般，身手敏捷。

當日，戴姓釣客在攀爬石壁時，不慎落水，鄰近那兩位釣客急忙趕來救援，但仍無法搶救成功。事後，兩名釣客描述，當拋下繩索協救時，感覺有人相互拉扯。

筆者注：「戴姓為筆者予以更名。十幾年前，該處曾有一婦女因採紫菜落水而溺斃。傳言中，溺水者會找替身。」

釣有嘸

採訪時間——民國91年2月
採集者——林昭宏，警察，35歲

民國八十八年九月，水垵村民伍文進開著小舢舨出海釣魚，船隻自埔船垵港往南航行五百公尺到達天台山底下，伍文進起身至船頭拋錨，突然間頭一暈，整個人跌坐在甲板上。待五分鐘後，他一手抓住欄杆，一手撐著甲板站起，準備挪到船尾放餌垂釣，霎時，眼前一艘漁船靠近，而船上人員所穿衣著不同於現代人，船隻外觀也別於近代使用形態。

不等伍文進腦子清醒，對方朝他開口：「釣有嘸？」才說完，此人便消失於空氣中。見此景象，伍文進昏厥過去，經過兩小時的漂流，直到距離天台山有三海浬遠的土地公港，他才甦醒過來，所幸船隻及人員均安然無恙。

筆者注：「往後日子，伍文進每晚睡覺，只要超過凌晨兩點，便會聽見有人對他說話，還有鑼鼓相伴之聲。筆者親訪他的前一晚，那鑼音仍在。筆者建議伍文進應該看醫生及請示神恩。」

遇到鬼

採訪時間——民國91年3月11日
講述者——吳慶祥，80歲

民國二十年左右，西安村的吳丁位和陳天助父親兩人，同在土地公港北邊下網圍烏仔魚。網一下完，便各自回家吃飯，相約晚上八時潮水退半旬後再前去收網。

嘿，筆者筆桿一落，此時正是初夜八時許，吳丁位和陳天助父親兩人背著魚簍，一前一後往土地公港出發。兩人途經西安村許從厝旁巷路，遠遠瞧見一人影蹲在圍牆邊啜泣，吳丁位和天助父親放慢腳程，躡步側進，約在五步之距，見那哭泣形影站起，頭上披著一條粗布巾，看不見臉孔，一跨步，步幅足足兩米遠，且發出旋音：「我歹命呀……」淒厲哀號繞行西安巷道、吳丁位和陳天助父親整顆心都麻了，腳也抬不起來，兩人互相攙扶著一拐一拐離開。

筆者注：「天助父親說，那哭聲淒厲、尖銳，他褲子都尿濕了。當時雖想跑，腳卻僵直不動，還好有兩人，如果只有他獨自一人，大概穩死的吧。」

操營

採訪時間——民國91年4月1日

講述者——吳振泰，當事者，30歲

民國七十七年某個夏夜，東安村吳振泰和兄長吳振生兩人騎機車到南坪「戶頭角」尋找海龜蛋。海水退半旬，仍舊無動靜，大概今夜烏龜不上岸，於是兩兄弟商量到別處看看。

吳振泰跨上機車，手按START鍵，耶？機車沒過電，下車試試腳踏，還是沒法度，一旁的吳振生打著手電筒趨前查看，摸摸線路，咦，一切正常呀，再按開關試試，也沒啥路用，兄弟倆悶著慌，忽聽一陣刺耳聲響，「有人！」吳振泰喊道，吳振生便將手電筒向岸上掃照一圈，並無發現任何風吹草動；再轉身往海岸線一照，只見沙灘上綿延數百公尺，全是著戰甲武裝、手持刀槍、木棍的戰士，排成多列隊伍，將近千人，由前頭一個穿黃袍、手握搖鈴的老者發號司令、指揮陣容，「操營」是也，戰士還不時吼出尖銳、刺耳的呼喝聲。

在這夜黑風高的暗暝，吳家兩兄弟被迫觀賞這齣「致命吸引力」，差點看傻兩人，吳振生趕緊拉著吳振泰手肘，「泰仔，快溜呀……」

筆者注：「吳振泰補充，那些戰士個個頭上綁著各式頭巾，如同廟裡『小法』所戴的營頭巾一樣。聽他們喊出的口號，真是毛骨悚然，一顆心都快從口中嘔出。筆者九十一年四月三日向另一名主角吳振生訪詢，他提到：當夜除了害怕外，機車又發不動，而那一堆好兄弟感覺忽前忽後地圍繞他兄弟倆，還一路尾隨到大馬路上、許明健家對面。」

別嚇我

採訪時間——民國91年4月
採集者——林昭宏，警察，親訪當事者，35歲

民國八十六年六月，水垵村王發寶提著照明燈到水垵宮後面的海岸岩石刺紅章魚。不知何時，赫然身後傳來一陣涉水踏浪聲響，且直往自己逼近。王發寶立即起身查看，然四周並無人跡呀，再探四方海域，也沒發現任何人影，奇怪的是，眼前海水確實有被人撥開逐浪痕跡。王發寶思量一會，又低頭彎腰繼續撿拾海螺、刺章魚。然而當身子一蹲，背後突然一團黑影連同一陣冷風進逼，他立刻挺直身子，耳畔的呼吸聲也跟著後退。

現在，王發寶確實證明有人捉弄他，否則怎有影子尾隨，還有喘息聲呢？王發寶一個紮穩馬步，猛然回頭，我爸我母喂！眼前這中年男子是人嗎？雙眼露出綠光、沒有鼻子、身軀呈半透明狀態，一副欲抓人撕扯的蠻樣。王發寶當場嚇得尿濕褲襠、兩眼呆愣。不知杵了多久，直到家人察覺有異、跑到海邊尋找時，才叫醒海水已淹到腰間的寶哥。

巡海

採訪時間——民國91年4月25日
講述者——許丁丑，71歲

民國五十五年前後的農曆七月初三，西安村人許丁丑提著燈仔火到門仔邊巡海，一路由鯉魚山巡至門仔邊。上半夜的海岸線空無一人，又逢農曆月初，海水退潮綿延數十公尺遠，許丁丑高興地抓了不少章魚和海螺。

無意間抬頭眺望，耶，不遠處有人影閃動，許丁丑挺直腰桿再看，喔，果真瞧見四個人影，個個打赤膊，僅著內褲，一手提著燈仔火，另一手捉牢肩上竹簍，輕聲交耳地尋著岸邊沼窪。許丁丑提高手中的燈仔火向前方四人掃視，想查看究竟何許人也。而對方四人也識會來意，一同將燈仔火反照回來，彼此打 PASS。

許丁丑仍舊分辨不出對方是誰，正想跨步趨前，怎奈對方卻先行往門仔邊的一個小窪地邁進。許丁丑猶然裹足半晌，雙眼緊盯前頭形影，揣摩究竟為誰？那幾個打赤膊的大男人已然躍上舢舨船，尾隨的最後一人，雙手推離舢舨，待船隻離岸下水後，敏捷跨上船隻駛離。

這廂，許丁丑快步挪近一看：「唉呦，你娘咧！」剛剛船隻離位處，不過是一處不足兩台尺見方的小窪地，岩石陡峭，碎石滿地，尚且距離深水海面還有二、三十公尺之遠，他們怎能乘船逐浪而去呢？許丁丑錯愕地抓抓發麻頭殼，心頭一顫：「幹，今夜又見鬼了！」

筆者注：「門仔邊攤頭，是一處湍流水域，常有人溺斃，所以鬼魅之事頗多。」

輯四●屋內鬼

洗衣女郎

採訪時間——民國90年6月2日
講述者——陳麗娟，民航局工友，43歲

民國八十五年，望安機場輔助站宿舍重新整建，宿舍內皆為一般由外地來的單身航警及技工居住。八十七年間，有一消防技工睡覺時，發現隔壁公共浴室內的洗衣機在運轉，接著脫水，然後又開始啟動洗衣、脫水，接連多次的重複動作。翌日清晨，消防士詢問同仁：「半夜不睡覺，幹嘛起來洗衣服？吵得我不能安眠。」且說被質問同事一頭霧水回答道：「哪來的洗衣服？昨夜我沒回宿舍睡覺啊！」話畢，兩人互看一眼：難道遇鬼了？

當晚那位消防士隨即換了房間。結果半夜因為太冷而醒來，張開眼睛霎時，發現一位女子坐在床鋪對面的書桌上凝視著他，其身背卻黏在牆上。消防士詢問道：「為何來我的房間？」她回應：「我本來就住在這兒，是你們蓋了房子，占了我的位置。」

筆者注：「聽當地人說，機場宿舍位置，以前是墓仔埔。」

少婦

採訪時間——民國90年6月2日
講述者——陳朝虹（筆者本人）

本故事是筆者陳朝虹幼年時，夜間在門口埕聽大人聊天，由「樸仔」本人所述。樸仔現已往生。

民國四十八年夏天，西安村天后宮建醮大典，廟埕演歌仔戲，西安村民樸仔看完戲後返家，時間在半夜十一點左右。他獨自一人沿著田埂步行，在離家三十公尺轉角、樸仔家斜對面一間廢棄很久的三合院古厝內，樸仔借著月亮餘光看見一少婦抱著一小孩，蹲在玄關處

尿尿。樸仔摸摸頭，心想這古厝已經有二十年沒人住了，今晚怎有一少婦跟小孩呢？於是停下腳步定睛一瞧，發現那五官清秀的少婦也看了他一眼，然後抱起小孩往大廳內走。

少婦看來不像望安在地人，出於好奇心作怪，樸仔也跟著踏進門埕，那少婦接著往內廳後門走出轉彎，樸仔快步追上，「阿娘喂！」只見後壁門的外面，竟是一大片仙人掌的樹叢，將整個小門全堵住了，那剛才的少婦怎麼出去的？此時樸仔全身發冷，兩腿痠麻，連滾帶爬地逃回家去。

日本兵

採訪時間——民國90年6月3日
講述者——洪志文，機場消防士，30歲

民國八十五年，望安鄉機場航務員孫克強先生晚上睡覺時，總覺得被壓得喘不過氣來，隔天起床後，臉色蒼白，精神不振，後來和航警人員陳鎮勳換了房間，此情況就消失了。

民國八十八年某冬夜，陳鎮勳騎車至水垵村找朋友小酌幾杯。回程時，車至機場跑道南端小路，距離機場宿舍僅剩二百公尺之處，陳鎮勳赫然發現兩個身著軍服、帶小帽、著長筒馬靴的日本

兵，一路跟隨在他的機車後面，且距離一公尺不到，伸手便可搭上他的肩膀。陳鎮勳加足馬力快衝，但似乎沒有什麼用，車子愈快，那兩名日本兵就跑步，車子減緩速度，他們也跟著放慢腳程，如此一路追著他直至宿舍房間。就連陳鎮勳上廁所小便，那兩名日本軍人仍亦步亦趨、一左一右站在他的身後，像是貼身保鑣一般，直到陳鎮勳睡著。

筆者注：「為何陳鎮勳這麼大膽？因他是天主教徒，所以並不理會那兩個日本兵。」

新娘子

採訪時間——民國90年6月26日
講述者——陳秀（筆者母親），65歲

民國四十二年，西安村有位阿宓小姐，從小跟隨師傅學得一手燙髮技術，那年二十歲的她，在家裡的客房經營起剪髮、燙髮工作。一天夜裡，忽然有人敲門，直喊著要燙頭髮；阿宓提著燈仔火到大埕開門，埕門一開，立刻感到一股陰森、冰涼的氣息直透心肺。眼前站著一位年紀約十八、十九歲的姑娘，面無表情向她說：「我要燙頭髮，明天要嫁尪。」阿宓提著燈火，領著她進入側房。

洗頭、捲髮之間，那女孩子一句話也沒說，加上臉色蒼白、雙手冰冷，尤其是身體僵硬如材。此時，阿宓已察覺到眼前女子並非真正的人，但心想：妳明天要當新娘，我就幫妳做個漂亮的頭髮，好讓妳達成心願，快快樂樂去嫁尪。頭髮燙好後，對方也給阿宓錢，且說：「好漂亮，謝謝。」接著便站起直接往門口埕步出。而阿宓收好工具，也回房睡覺。

日昇後，阿宓打開抽屜一查，果真昨夜所收的錢已變成一疊冥紙。

操練

採訪時間——民國90年6月30日
講述者——陳二雄，65歲

民國四十三年，現分局樓下西側，是舊有戶政事務所。每天晚上只要超過十一時，就有村內百姓會看見軍隊操練的聲音及影像，而且人數多達三、四百人左右，隊伍一直延伸至現在鄉公所後面的山坡地。

當年尚無電力供應，每戶人家只能點一些煤油燈，晚上的照明，也僅能辨識對方是誰而已。戶政事務所有一工友，是榮民轉調來的，名叫呂上致。此人天

一黑就睡覺，奇特的是呂上致從不睡床，習慣躺在辦公桌上呼呼大睡。但更怪的是，每回呂上致穿戴整齊睡覺，隔天醒來，總是整個人被脫光趴在地上，身上卻沒有摔下的疼痛或瘀青。地方有多人提起：晚上只要經過事務所附近，從遠遠的馬路那頭就可看到事務所內，辦公桌前坐著一個身材高大、壯碩，頭髮中分的年輕軍官。

筆者注：「工友呂上致常常無故由辦公桌上摔下，可能是礙到那位正在辦公的軍官，所以每天晚上必定被請下桌來。」

中年男子

採訪時間——民國90年6月12日
講述者——鄭武寬，當事者，61歲

民國四十年代，中社人鄭武寬與家人從台灣返鄉過元宵節。因為舊有古厝，房間不多，十一歲的他便與大嫂及大嫂朋友寶貴同床共寢。半夜，鄭武寬起床尿尿，當他摸索床沿下榻時，發現有一穿白色襯衫、頭髮抹油旁分的中年男子，堵住床沿，不讓他下床。機警的鄭武寬趕忙按住那人雙肩，喚醒大嫂起床點燈，結果火柴一亮，卻什麼也沒有，連床底下也不見任何東西。

大嫂朋友寶貴說：「剛才就感覺有個人影，一直在拉我的腳，害我嚇得把棉被包捲起來，連動都不敢。」

筆者注：「民國四十年時，沒有電燈供應，所以每戶人家只能點煤油燈，睡著時就吹熄了。當事者說，房門上鎖著，那人怎麼離開呢？一定就是那個囉？」

打撞球

採訪時間——民國90年6月3日
講述者——許岡修，鄉公所技工，30歲

民國八十八年，東安村長陳文統跟許岡修、許清睦、許文達、陳金利、許明群等人，在村內辦公室玩撲克牌，一群人忽然聽見隔壁活動中心的撞球台傳來打撞球的聲音，一連有好幾顆球入袋的聲響。村長陳文統以為是附近的小朋友，半夜不睡覺跑來打撞球，於是大聲叫喊，要幾個猴囝仔快回家。喊完聲，不對啊，「大門我鎖著，怎會有人跑進來呢？」大夥使個眼色，一起打開側門看個究竟，整個活動中心靜悄悄，什麼也沒有。幾個人莫名所以回座，不料撞球台又傳來聲響，這次不僅是球入袋，還有一顆球掉落地面的「咯、咯」聲。

大夥心裡毛毛的，乾脆不玩牌了，各自回家睡覺吧。當晚，許明群獨留在村辦公室寢室過夜，卻整夜感覺一股力量壓在身上，教他連呼吸及轉身都困難。

筆者注：「許明群現為澎湖地方法院少年簡易庭副庭長，許有竹鄉長二公子。」

這是我的位

採訪時間——民國90年6月14日
講述者——陳文統，東安村村長，34歲

民國八十七年某個冬夜，大約十一點許，林俊裕、陳文統、阿善師、許明群等人一起在東安村辦公處聊天。許明群坐在村長辦公椅上抽煙，忽然聽到有人說：「這是我的位」，聲音且在辦公處內盤桓。一時，大夥都傻了眼，林俊裕馬上離開，其他人也跟著速速離去，只留下阿善師在辦公處。

阿善師獨自留在辦公處小寢室過夜，到了凌晨二時許，他忽然感到脖子被掐得喘不過氣來，費了九牛二虎之力，才慢慢將眼皮撐開。一睜開眼睛，便看見一位年約五十歲、理平頭的半透明中年男子，半蹲著浮在他面前，伸出雙手按住阿善師的脖子。阿善師奮力將手一甩，整個人跳了起來，而那個影子也同時鬆手，轉身從房門閃出。

霎時的一切，教阿善師目瞪口呆，差點就尿出來了。

回來看看（一）

採訪時間——民國90年6月7日
講述者——鄭武寬，當事者，61歲

民國四十九年，中社村人鄭武寬時年二十歲，借住在中社村三十八號的鄭進步家。有一夜，鄭武寬剛要入睡，忽聽得馬路上有腳步聲，順勢從窗內望出，發現有一人影開外間廁所門進入。鄭武寬頓感好奇：是誰來借用廁所？何況是半夜，又沒有點燈。過了半小時，鄭武寬仍不見人影從廁所出來，正想闔眼睡覺，忽有一大片影子籠罩窗前：「不要怕……」瞬即消失。後來鄭武寬得知，左右鄰居常見此人影，皆認可能是鄭進步母親。

筆者注：「五十年代，廁所通常蓋在屋前左側或右側，夜裡上廁所時，還得開房門、大廳門，才能到廁所，所以為方便半夜尿尿，人們常在房間內擺一尿桶。」

回來看看（二）

採訪時間——民國91年2月1日
講述者——許秋月，當事者，41歲

民國六十三年前後，西安村的許秋月及鄰居幾個同伴，一起在住家西側一空屋處玩捉迷藏，當所有同伴躲在空屋內藏好後，許秋月才從門外進入捉鬼。一次，當許秋月轉身進入大廳時，眼前供桌旁站立一老者，他看了許秋月一眼，然後閃身進入房間內不見。

當晚入夜後，許秋月臨睡前發現，傍晚那老者居然站在她及母親房間內，還故意將照明用的燈仔火吹熄。秋月告知母親將燈火再點燃，房間內卻沒有任何異狀。然而不久後，燈仔火又被吹熄，許秋月又叫母親點上，她發現：燈滅老者就出現，燈亮人就消失。許秋月因此一夜沒睡，而那人影一直站到天將黎明才消失。

事後，秋月母親猜測，可能是自家祖先回來吧。

找嘸親人

採訪時間——民國90年7月1日

講述者——陳州雄，當事者，63歲

民國六十年農曆七月十五日，東安村民陳州雄利用中午大家都在厝的時間，前往收會錢。路經西安村許玉華舊大厝時，聽到大厝身後房，傳來一男一女啜泣，一邊啼哭一邊喊著：「我爸！我兒子！」

大約過了半小時，陳州雄收好會錢，回程又經過剛剛那地點，哭聲依舊，且尾音拉得很長。這下可引起他的好奇心，陳州雄躡手躡腳搭在窗櫺，眼睛向內探索，看看是誰哭得那麼傷心，結果房內一片漆黑，什麼也沒瞧見，陳州雄心想：此房是租給勝仔夫妻，會不會夫妻在吵架？然後來經查詢得知，那段期間勝仔夫妻到高雄。

筆者注：「一般在農曆七月十五前後，聽到哭聲是正常的，因為往生的前輩利用七月鬼門開的時候，返回古厝找後代子孫，順便得到子孫的一番祭祀。但一回到家，發現子孫都不在，便有祖先嚎啕大哭

之事傳出。

筆者十一、二歲時，晚上寄宿在伯母家。那夜凌晨許，就聽到隔壁荒廢的大厝內有淒厲的哀嚎聲。那日正是農曆七月十五日，筆者向鄰居小朋友敘述，母親趕忙制止，記憶中媽媽說：『囝仔人，有耳無嘴！』」

會飛

採訪時間——民國90年7月11日
講述者——吳德義，60歲

民國五十四年，西安村吳府宮西邊路旁，有一舊房舍，當年是阿兵哥駐守防地（排哨）。其中有一龔姓班長，每當中午睡覺時，總覺得心頭鬱悶，呼吸困難。有一天吃完午飯，坐在床沿吸菸，忽然寢室木板門被風一吹，整塊木板「嘩」一聲落地。

龔班長嚇了一跳，回神一看，門外走入一女子，經過身旁，由後窗飄出。又過了一星期的午後，龔班長正要入眠，發現同一女子再度悻悻然由外走入，這次竟躺在他身旁，一隻腳放在他肚子上。龔班長想掙扎站起，整個人卻癱瘓在床，一動也不能動，直到同袍進入房間發現，才叫醒他。

龔班長將此事告訴附近村民，且聽從建議到吳府宮拜拜，方才告一段落。

筆者注：「龔班長兩、三年後調至馬公，聽說沒多久就過世了。」

戲弄（一）

採訪時間——民國90年7月11日
講述者——許王玉印，55歲

民國六十六年，西安村的許淑媛就讀國小，當年建築是日本時代留下的房舍。有一天中午全校睡午覺，許淑媛到廁所上一號，來到廁所時，看見一老太婆蹲在地上除草，頭上包著布巾，看不清臉龐如何。

事過半月，許淑媛去上廁所，之後居然廁所門打不開，許淑媛嚇得嚎嚎大哭，在廁所附近玩耍的同學趕緊跑去報告老師。

無論老師如何敲打及撬門，仍舊無法打開廁所的門，正當大夥束手無策時，廁所的門卻自動開了。那之後，許淑媛有一段時間不敢到學校上課，直到學校改建後，此類情形便不再發生。

戲弄（二）

採訪時間——民國91年2月21日
講述者——許建國，當事者，40歲

民國七十六年夏天，西安村人許建國和當時的女友、現在的老婆相約在望安機場見面。那夜將近月圓，兩人坐在機場候機室的椅子上聊天，時間在上半夜九時許，忽聽得候機室內的公廁發出沖馬桶的水聲，兩人一愣，四目相交：「廁所有人！」那剛剛談情說愛的甜言蜜語，不就被廁所內的人知曉了？

停留半小時，廁所內的人遲遲未出，而沖馬桶的聲音卻每隔五分鐘一次。此舉可耐不住許建國，他上前敲門，並喊：「有人在裡面嗎？」然廁所內並無回應。靜待兩分鐘後，許建國將門拉開一看，黑鴉鴉一片，什麼也沒有。許建國順手將廁所門一關，才一轉身，馬桶的流水聲又「嘶、嘶」往下沖。許建國一個箭步，拉起女友——逃呀！

筆者注：「許建國和筆者為同學、連襟。」

戲弄（三）

採訪時間——民國91年3月5日
講述者——林俊嶸，當事者，41歲

民國八十九年某個冬日，望安第一公墓內的納骨塔管理員林俊嶸，在二樓打掃時總感覺身邊有人跟隨，且有陣陣輕微聲響。經四周查看，又沒發現奇怪事物，但這來自寬廣大廳的「呼、呼」聲，一直持續和他上樓下樓，大約持續三個月之久才停止。

事後林俊嶸尋思，可能相處融洽，加以他每天打掃、燒香、放音樂給他們聽，所以就不好意思再捉弄他了。

幹你娘

採訪時間——民國90年6月17日
講述者——夏文富，當事者，36歲

民國八十四年，西安村人夏文富在睡眠中常感覺眼前有一團黑影，當黑影快要壓到他眼睛時，左撇子的他用力把左手一甩，黑影便會消失。隔天起床後，前夜左手因過度用力，整隻發麻，手錶也甩壞了。

幾年來，夏文富就這樣壞了十幾隻手錶。有一次黑影又出現，這次夏文富沒有甩手，而是躺在床上破口大罵：「幹你娘！」奇怪的是，這次黑影也不再繼續下壓，隨著一股陰寒冷風就此不見了。民國八十八年後，討厭黑影出現的夏文富索性也不戴錶了。

筆者注：「夏文富對此類靈異事件並不在意，且這幾年來都一人生活。在此特別收錄：九十一年三月十三日，筆者由夏文富好友陳文勇那兒得知，夏文富住家附近，半夜常聽見一些吵雜聲。推測夏文富居家可能是一地穴，因為它會傳出回音。」

不怕死

採訪時間——民國90年6月14日

講述者——趙榮文，警察，32歲

民國七十年，水垵舊有活動中心隔壁，一戶坐西朝東的王姓人家，一直住得「很不平安」，屋內總有股陰森森的感覺，孩子們個個瘦巴巴的，一點朝氣也沒有。最後因為主人也生病了，乾脆全家搬至馬公定居。

水垵派出所有一位原住民警察，知道此事後，決定會會屋內有什麼妖魔鬼怪之類的東西，晚上就搬進王宅睡覺。誰料半夜時分，那原住民警察只穿著內褲落荒而逃，因為他看見一團黑影壓住自己胸口，就連想呼吸都困難，整個軟綿綿躺著，任憑黑影重量一直壓在他身上，最後全然失望無助時，影子起身向窗外飄出，他才僥倖逃脫。

筆者注：「據那員警描述，那人影重量最少超過百斤，但身形卻輕飄飄的，如同電影中的武林高手施展鐵砂掌一樣。」

捉迷藏

採訪時間——民國90年6月9日
講述者——吳文雄，鄉公所技士，59歲

民國五十五年左右，現西安菜市場後面當時是一條大排水溝及一個舊倉庫。每當晚飯時間後，附近的小朋友常常在舊倉庫前後玩捉迷藏。奇怪的是，明明五個小朋友躲在倉庫裡，等到扮鬼的小朋友一一把他們揪出來後，倉庫內仍有一個人影晃動，還出聲喚他們：「我在這裡，你們抓不到……」

幾個小孩子還以為有其他人加入玩遊戲，便一起進入倉庫找尋，卻始終沒有抓出那個會說話的人影。倒是不少坐在門口埕聊天的大人，已經多次看到那個人影，身高一百五十公分左右，穿卡其色上衣，藍黑色裙子，紮著兩條辮子。

吊死鬼

採訪時間——民國90年6月21日
講述者——陳藍罔腰，當事者女兒，79歲

民國十九年，陳藍罔腰那年八歲，全家借住在西安村一戶大厝。有一天她媽媽生病發高燒，躺在床上休息。午飯前，她媽媽下床上廁所，突然發現屋內中樑吊著一個人，一時整個人嚇到虛脫、昏厥，全家大大小小忙成一團，也不知該如何處理。登時，房內傳出一陣嚴厲又帶嘻笑的聲音：「要命，就給她水喝。」

家人趕忙前往中藥行，要了半碗犀牛角磨粉的水，用棉花沾濕放在她嘴唇上，才慢慢救活陳藍罔腰的媽媽。

筆者注：「那古厝內曾有一人吊死，經老阿嬤描述：那吊死鬼的舌頭約有一台尺長，長髮垂肩、眼睛上翻。筆者十一、二歲時，有一天放學經過該古厝，發現屋樑上吊著一包袱，當夜即夢見吊死鬼，記憶中好像哭了三、四個鐘頭，隔天請人收驚。」

請我吃海產

採訪時間——民國90年6月26日
講述者——陳昭仁，當事者，39歲

民國八十六年，東安村民陳昭仁的高雄朋友，在中鋼公司側門旁因車禍身亡，其中包括一對父子。出殯前夜，陳昭仁在家中睡覺，忽然聽到小孩哭聲，且聲音悽慘不堪，致使陳昭仁一夜胸口鬱悶、呼吸困難。

隔日早晨，陳昭仁搭機至高雄送行、上香，午後返回高雄住處，人一踏入大廳，忽有一陣冷風對面吹來，陳昭仁就糊里糊塗躺在沙發椅上睡著了。入眠之際，他感覺有三條人影閃過眼前，瞬間發現雙手雙腳被綑綁，整個人懸空在牆壁上，一動也不能動。

茫茫夢境中，陳昭仁聽到他往生的朋友說：「你還沒請我去吃海產。」清醒後，他全身瘀青、痠痛。事後回想，陳昭仁確實曾答應請他的朋友吃海產，但是在三年前講的，連他都忘了，沒想到往生的朋友仍記得清楚，還要到家裡了。

半夜捉人（一）

採訪時間——民國90年6月25日
講述者——陳蔡阿善，54歲

民國六十年，東安村「中宮」演歌仔戲，村內許多人飯後便前往廟埕看戲。散場後，住在西埔仔的婦女們就沿著阿福厝後的那條田埂路回家。那天，阿菊走在最後一個，當經過陳興圈厝南時，她看見陳興圈家門口有一人影，此人身高六呎，手裡拿著一條繩子及竹竿，在門口埕踱來踱去，彷彿在等待什麼人似的，而且手裡拿著的東西，一直晃來晃去。

當夜，陳興圈的姪媳婦阿蓮被丈夫發現脖子被繩索綑綁，且用竹竿吊起，在房間內不停地轉圈圈，且阿蓮一副沒有掙扎的樣子，好像隨那人擺布，但整個人的臉色已泛白且沒有意識。隔天，阿蓮丈夫就把此事傳開，阿菊知道後也證實，他所描述的樣子，確定是自己昨夜路過所看見的人影。阿蓮醒後也說：半夜有一人走到她的床前，沒說什麼就將她抓起來綁著，而她卻一點反抗的能力都沒有。

半夜捉人（二）

採訪時間——民國91年3月31日
講述者——許進傳，當事者，68歲

民國六十二年某個夏夜，西安村民許進傳和陳有義、陳生福，半夜出海捕臭肉鰮魚返港，一堆人由潭門港口步行回西埔住宅。經過許進福厝後的田埂路，來到陳興圈厝南，首先許進傳看見前方陳興圈厝旁的圍牆，怎有一女人趴在陳助的房門窗口探頭？

隔日一早，陳助的母親被女兒市仔發現在房間內上吊，已奄奄一息，還好被發現得早，剪下繩子救回一命。

筆者注：「陳興圈和陳助是堂叔姪關係，同屋居住，市仔則是陳助妹妹。」

一臼二

採訪時間——民國90年6月30日

講述者——張明男，64歲

民初，水垵村有一大戶人家，花了一臼二（一擔二斗）的白米，請人將一大水缸挑至山裡掩埋。理剪及阿馬兩人，一前一後擔著水缸往後山窪仔底邁進，兩人剛走出社區，就聞到一股異味，理剪仔叫停阿馬，放下水缸：「奇怪，這水缸怎會有臭味，又重，不如掀開看看裡面是什麼。」

兩人放下扁擔，伸手解繩時，缸內卻傳出聲音道：「臼二，每人分六斗。」阿馬和理剪一聽聲響，連退六、七步，難道僱主請他們活埋生人？兩人雙手拍拍胸脯壓驚，腳步踏前，合力將水缸蓋一掀：「唉呦，我母、我爸喂！」水缸內是一具已經腐蝕多日的屍體及半甕汙水。

筆者注：「水甕內的腐屍可能是強盜。民初時期，常有海盜上岸搶劫，因為要搶大戶人家東西，反而被打死裝缸，為怕張揚出去，所以雇工挖坑掩埋，免得其他海盜報仇。」

厝尾頂

採訪時間——民國91年2月3日
講述者——許光男，65歲

民國三十五年，現在西安村活動中心東邊的那棟三合院大瓦厝，常常出現一人坐在厝尾頂。屋主搬離，舉家遷至高雄，後來是由馬公西嶼鄉人丁番狗醫生借住開診所。奇怪的是，丁醫生中午睡午覺醒時，總是躺在地板上，身上的棉被仍蓋得很好，身體也沒有摔下床的疼痛，晚上睡覺時，則常有被拉腳的情形。

台灣光復後，國軍五十二軍團住進。剛開始仍有部分阿兵哥睡覺被壓，包括連長也在睡夢中被踢下床鋪，有一晚，站衛兵的阿兵哥看見一人從門口埕往大廳走入，直接走到連長的床位上，雙手將連長抬起，然後鬆手，接著人便不見了，連長醒來之後，連忙大喊，站班哨的阿兵哥才回過神來。

隔天，那個阿兵哥開始精神恍惚，有一次在操場上擦槍，槍枝走火，把自己給斃了。民國七十年後，由於阿兵哥常駐地於此，經多年人氣旺盛鎮壓，此類情事就不再發生。

開玩笑（一）

採訪時間——民國91年2月6日
講述者——薛長華，當事者，42歲

民國八十二年十二月，望安分局東嶼坪員警薛長華返回分局開會，那夜借住消防隊宿舍。半夜凌晨許，薛警員感覺肚子有些餓，於是起床上樓找些吃的東西，填填五臟廟。當他到樓上摸索開關時，奇怪的事發生，開關一按，燈沒亮，廚房的瓦斯爐卻點火燃起，一時間薛警員全身痙攣，不知如何是好。

薛警員向瓦斯爐歉道：「好兄弟啊，我只是借住一晚，因為肚子餓想找些東西吃而已，請別見怪。」話停，瓦斯爐上的火苗漸漸熄滅，頭頂上的日光燈亮起。

筆者注：「談起往事，薛警員仍感到訝異，內心膽寒，不過巧的是，薛警員正想煮泡麵，而瓦斯爐自動點燃，可真靈犀一點通。」

開玩笑（二）

採訪時間——民國91年2月6日
講述者——薛長華，當事者，42歲

民國八十七年，警員薛長華寄住消防隊。那夜他看電視至凌晨，當覺得有些倦意時，坐在椅子上便睡著了。時間不知過了多久，忽然薛長華被隔壁小隊長房間內的電視機聲吵醒。薛長華躡手躡腳地走到小隊長房門口查看，然而房間內的電視機並沒有開，而且小隊長睡得很熟，根本沒在看電視。

薛長華又回到辦公室的椅子上，屁股尚未坐定，那電視機的聲音又起，而這次的聲音比上次還響。薛長華乾脆進入小隊長房間，將電視機插頭拔掉，正要返身走出時，輪到辦公室的電視機開始發出「嘶、嘶」的聲響，待人走到跟前，「嘶、嘶」的聲音卻停了。

筆者注：「薛長華經歷一夜的怪異，隔天問小隊長，他卻什麼也不知道。這可能是磁場問題，因為同住隊上的同仁，多年來沒有任何人遇見。」

無頭鬼

採訪時間——民國91年2月21日
講述者——許建國，當事者，41歲

民國六十四年初春，西安村許建國剛上小學六年級，同時被村內「吳府宮」王爺派任為護壇小法[註]。清晨五點鐘，許建國由廟宇步行返家吃早餐，路經許進傳厝後，隱約看見右前方一間古厝內站立一人，建國好奇上前幾步，哇！那人竟然將頭顱放在手上托著，兩眼盯著許建國不放。建國再跨前幾步，雙手按在窗櫺，把頭伸入窗內探查，便看到那人將頭放回頸上，接著失去蹤跡。

筆者注：「許建國有陰陽眼，從小就常常看見一些兄弟們，曾經和兄弟對過話。」

註

又稱「福官」，為一般廟宇乩童興壇做法或出巡時，隨行旁邊的小護法。

咱家兄弟

採訪時間——民國91年2月2日
講述者——謝南進，當事者，52歲

民國七十五、七十六年深冬，東安村謝南進由高雄返鄉，臨睡前自行在客廳中小酌幾杯，半瓶五加皮入腹，便進入房間關燈就寢。

闔眼之際，欸，房門口站立一人·臉形不清但身材魁梧，打赤膊，穿一條麵粉袋內褲，和謝南進面對面杵著，他趕緊摸著開關按下，燈一亮，人卻不見了。再將燈光熄滅，那打赤膊的男子又出現，這回是站在腳尾床沿，整個身影

扎扎實實佇立不動，等燈再亮，又不見了。

謝南進起床到客廳察看，門窗無不緊閉深鎖，不可能有人入內戲弄才是，便又折回床上躺下熄燈，沒想到燈一滅，那麵粉袋內褲的人竟然直接坐在床上，和謝南進面對面。

這下非同小可，謝南進全身打起寒顫、手腳痠痲，一陣掙扎後，硬著頭皮從床上坐起開燈，燈亮瞬間，那影子也同時消失匿跡。

謝南進不敢再睡，披衣外出遊逛，直至清晨四、五點鐘，經由賣豆漿的賜仔叫著，才回過神來，喔，天邊已露出魚肚白。

筆者注：「謝南進全家已搬至高雄定居，那天是自己一人返澎。後來他經電話詢問高雄母親得知，那人是同宗族兄弟，日本時代乘坐船隻，遭敵軍轟炸擊沉。那兄弟可能自守家門多時，見親族人員返家，高興之餘開開玩笑罷了。」

人影

採訪時間——民國91年2月26日

講述者——陳祝明，56歲

民國六十七、六十八年，東安村陳福慶厝後那間古厝，常有人發現半夜出現人影晃動。陳祝明的哥哥因房屋改建，全家暫住在陳福慶厝前的客房。一夜他起身撒尿，眼睛剛睜開，藉月亮餘光由窗戶望出，清清楚楚看見一身形消瘦的人影，在旁邊的破古厝內來回走動。

筆者注：「這情況經常發生，附近鄰居也常在夜晚九時過後碰上那人影。」

我不走

採訪時間——民國91年2月
採集者——林昭宏，警察，35歲

民國七十年間，水垵村西港（埔船垵）檢查哨，有一阿兵哥舉槍自殺身亡，不久後，村民夜間到埔船垵，就會在該自殺處聽見哭泣聲。

民國八十四至八十七年期間，漁港檢查哨改由警察站崗。夜間過九時許，大部分警察在哨內透過窗戶向外望，均能清楚看見一個頭部流血、著軍服的阿兵哥，站在哨所外來回行走，並發出啜泣哭聲。

筆者注：「阿兵哥父母親在事件後，也來到望安為孩子招魂，但經道士引魂作法，始終亡魂不肯離去。一些八字較輕的警察，也常有被壓情事，一夜輾轉難眠，內心糾結。林昭宏員警也曾會晤過這名阿兵哥。」

烤肉

採訪時間——民國91年2月

採集者——林昭宏，警察，當事者，35歲

民國八十八年中秋節，水垵村管區員警林昭宏在派出所內待命。突然電話響起，中社漁駐所來電，邀約到中社港區辦烤肉。林昭宏正待回話，忽然整個派出所充滿了一股腐肉的味道，令人作嘔。正覺納悶之餘，又有電話響起，林昭宏手一伸出，胸口登時一陣抽痛，電話那頭報案：中社村八號有一老榮民可能身亡。

到達現場後，還未進入大廳，林昭宏已在庭院中聞到方才派出所內那股令自己作嘔的腐臭味。夥同地方人士及衛生所醫師進入房間，老榮民全身赤裸躺在地上，臉部已腐爛，尚有蛆蟲爬行。

當夜，林昭宏在派出所寢室睡覺，睡夢中被人搖醒，本以為同仁叫班，揉揉惺忪雙眼，跟前豈不是白天處理的老榮民嗎？只見他直挺挺站在自個床前，不發一語地笑著。

筆者注：「經過該處者，時常巧遇那往生老榮民，更奇怪的是，室內日光燈時暗時亮。如有人想進屋搬東西，必然會和他打個照面。」

事前通知

採訪時間——民國91年2月

採集者——林昭宏，警察，35歲

民國九十年農曆七月十五日下午，水垵派出所按地方習俗，在中社村駐守地擺桌，供奉牲禮拜拜。五個員警在主管的指示下，在供桌前排成一排，由主管帶頭膜拜，祈求轄區平安。

話不說不奇，事不做不怪，原本微風徐徐的七月半，剎時颳起強風一陣，竟把正在燒冥紙的五個警察推倒在地，而鐵桶內的紙錢卻一張也沒有飛出。一旁的林昭宏警員馬上感應，全身起疙瘩，直冒冷汗，這哪道邪門事，難道是好兄弟在搶紙錢嗎？此話在林昭宏心中盤旋，幾個同仁站起來拍拍屁股，誰也沒有開口，繼續把紙錢放入空桶。隔兩分鐘後，中社村民顏貴達先生由北往南行經派出所時，向幾個警察同仁點頭致意。

翌日雞鳴時分，村民報案：顏貴達倒在家中房內氣絕多時，林昭宏趕赴現場，會同衛生所醫生證明：顏貴達已死亡超過二十四小時。

筆者注：「農曆七月半正值夏天，天氣多是豔陽高照。警方通知顏貴達住在高雄的子女，子女們也很訝異，因前夜父親在夢中向他們道別，清晨即接獲父親死亡消息。只是，林昭宏還是很納悶，那日下午那一幕如何解釋？」

阿嬤的話

採訪時間——民國91年3月

採集者——林昭宏，警察，35歲

民國六十年初夏，水垵村高榮爵放學回家，前腳剛入大廳，迎面吹來一陣徹骨寒風，猶豫片刻，他快步衝入後房，啊，最疼他的老祖母已經撒手人寰，駕鶴西歸。

事過半年。一夜，高榮爵在睡夢中驚醒，發現老祖母來到床前，以呵護溫馨的口吻和阿爵談笑聊天，並帶著阿爵到處遊玩。沿路經過天台山，又轉向鴛鴦窟，途中見兩旁許多面色凝青老人，三五成群遊盪著。高榮爵內心顫寒，不時緊閉雙眼，還好有阿嬤陪伴著，才不致驚魂失魄。

翌日清晨，阿爵母親喚他起床，發現該起床上課的高榮爵並未清醒，而且滿頭大汗，睡衣和地上的拖鞋沾滿泥沼。各位看倌，你說阿爵母親面對此景如何反應?當夜，高媽媽就和阿爵同眠，一連三日，並無異樣。第四天，高媽媽鬆懈警覺，頭一著枕，呼呼大睡。等到雞鳴數聲，高媽媽悚然醒來，人呢?我的阿爵不見了!屋前屋後遍尋不著，左右鄰居也加入找人隊伍，最後卻發現高榮爵在祖母墓園地裡睡覺，而且雙手趴在墓碑上。

筆者注：「高榮爵事後說明，因為阿嬤夢中告訴他『她很寂寞』，所以叫他陪她睡。高媽媽便在家裡靈位前懇求，爾後一切平安無事。」

重疊

採訪時間——民國91年3月
採集者——林昭宏，警察，35歲

民國五十年初夏，地方霍亂流竄，當年出生的小孩大部分都受波及，高燒不退，致使一命嗚呼。水安村葉水湖的兒子一出世，也不幸搭上列車，悻然夭折。夫妻倆隨意將兒子用木箱子一裝，便往後山西洞尾山坡地，掘地掩埋。

事過近年，一夜，葉水湖被睡夢中的老婆拳打腳踢嚇醒，眼一睜開，只見老婆滿頭大汗，雙手向四周亂甩，口中欲語，卻不能出聲，一副捨命掙扎的樣子。葉水湖觀看這齣武俠劇後，心生警覺、連忙搖醒老婆，逐一了解原委，方知是死去的兒子回家求援，告知被一群大哥哥壓得很難過。

夫妻徹夜思量，決定將小孩挖出。隔日，鋤頭一下，就發現地下半米深處，多副小孩的骸骨，正和自己孩子重疊擠在一起。

筆者注：「當年村莊，物質匱乏，一般夭折者，都以不祥之兆，任意掩埋，並在墳土上立一個咾咕石為墓碑而已。小孩骨骸重疊，大部分是因為鄰家小孩夭折後，家屬利用半夜，隨意挖地掩埋了事。」

你怎麼不相信

採訪時間——民國91年3月
採集者——林昭宏，警察，35歲

民國四十年起，目前八十六歲的水垵村老阿嬤趙金小，常對戶口訪查的員警提及她家前後左右的廢墟古厝，每日午時、凌晨子時和農曆七月半，都會有滿屋、滿街巷的往生鄰居回來。有一些是她孩子時的大人，尚有近年死去的親族、友人，大夥回來後，都會到她家找她聊天，一談就是三、四個時辰。

事後隔日，趙金小老阿嬤都會向兒子提及，卻每回都被兒子否決，叫她別亂說。

筆者注：「兒子回應：母親已精神狀態不佳，胡言亂語。老阿嬤卻屢次提及，說那天誰回來，又哪些時候，在門口埕和誰談過話。管區警員林昭宏表示，以他多次訪查戶口經驗，發現趙金小阿嬤精神狀態良好，感覺不出有何不對勁。阿嬤對林昭宏說明，起初乍見，常常一夜未眠，燈火也不敢吹熄，多年照會，久而久之，習以為常。」

急凍人

採訪時間——民國91年3月28日
講述者——施小姐，當事者，21歲

民國九十年冬夜，衛生所施姓護士沉睡入眠，突然房間門「唰——」一聲，施小姐警覺要睜開雙眼、側身查看，不料整個人瞬間成了急凍人，就連手指頭也無法翹起，眼睛更別想張開。只知意識裡，房外走廊一身材豐滿、長髮女孩閃身進來，隨後直接挪至床沿冷言道：「妳別假呢，妳根本沒睏。」然後雙手抓起施小姐重力一甩，甚且抬腳一踩，發出「嘿嘿」冷笑。

施小姐奇逢巨變，神智全亂，且遭這無形的將她翻來覆去，整個腸胃絞痛難熬，吐了滿地酸水。她想哭、想叫、想逃，可是呢，我的媽媽喲，此時，房門外又有一男子，挾帶一股凜冽氣息喝道：「哈哈！這次妳別想跑了！」接著便和先到的女子，一起將施小姐擰起往牆壁甩出。

完了……嬌小玲瓏的小姑娘，哪禁得起這連番折騰拳擊？施小姐只覺全身上下骨頭全散，體無完膚，她竭力撕開喉嚨大喊：「阿娜姐！」話音一出，身體能動了，房裡的一男一女也走了，隔壁房的護理長兵安娜小姐卻沒衝過來。幸好，這場二十一世紀的人妖大戰，終於結束了。

筆者注：「進入施小姐房間的一男一女，面目清晰可辨。她意識中想大喊出聲，卻一直無法開口，只能整個人任『它們』擺布。等到她確實喊出聲音，但木板隔間的護理長並沒聽見。掙脫之後，施小姐從地上爬起，敲了護理長房門，可嚇壞了兵小姐：眼前怎麼出現一個剛從礦坑玩耍出來的小女孩？」

戴帽小孩

採訪時間——民國91年3月28日
講述者——施小姐，當事者，21歲

民國九十一年初，衛生所護士施小姐在寢室睡覺，入夜不久，房內空氣凝重，呼吸突感困難，施小姐睜開雙眼，準備起床開窗，身子才稍動，就察覺有人在房門外開鎖進來。施小姐按兵不動，靜觀其變。房門開啟後，由外步入一個年紀十四、五歲的小女孩，穿白色洋裝、戴毛線帽，走到床沿對著假寢的施小姐微笑。

施小姐清楚看見這面色皎潔白皙的小女孩，一股忐忑不安的焦慮緩緩紓解，正待睜開眼睛說話，唉，怎麼全身癱瘓僵硬，連動一下都不行？她察覺自己如麻痺一般，喪失自主能力，接著多條人影由外飄進，分立兩旁，將她的手腳全部按住，空氣開始凝結，一團圓圈煙霧「喲～」一聲，就杵在施小姐的胸前，從頭到腳一圈又一圈在她身上滾動。那團滾輪煙霧大概來回數十次，最後如何消失也不知道，因為施小姐早已嚇傻。

筆者注：「筆者向施小姐追問，是否還敢睡那間房間？沒想到施小姐竟然一副『沒什麼要緊』的樣子。我還真佩服妳了。」

起來啦

採訪時間——民國91年3月28日
講述者——吳卓翰，當事者，50歲

民國七十六年，中社村漁駐所員警擴編，整個廳舍人擠人，最後沒有辦法，只好在村內租屋駐地。一夜，吳卓翰主管在小房間內就寢，突然有人拍打他手肘，並搖醒他說：「起來！你怎麼睡這裡？」

大夢乍醒的吳卓翰揉揉雙眼，耶？床前怎麼站一對七、八十歲的老人呢？聰明老鳥，僅花三秒鐘的思考，馬上了解原因道：「對不起，拜託啦！我們已經向你們孫兒借住，也有給厝租。」語落，便見那對老夫妻掉頭往大廳步出，且看我們「老魔頭」瞇著雙眼跟進，就在大廳的祖先供桌前，看著他倆化作一股輕煙消失。

筆者注：「老夫妻消失瞬間，一道強而有力的陰風倒退入房，逼人心肝。隔日吳主管提及此事，另一房間內的四名同仁也覺有異，平常打赤膊睡覺，已熱得滿頭大汗，昨夜卻冷到發抖。」

同伴

採訪時間——民國91年4月23日

講述者——洪素霞，當事者母親，38歲

民國九十年七月初，東安村七歲孩童許詠志到吳府宮廟埕看歌仔戲。深夜十一時許，歌仔戲散場，阿志騎著腳踏車回家，到厝後，將腳踏車放在門口，然後在門口埕掏出小弟弟撒尿，尿完上樓睡覺。怪哉，詠志發現從回家後，就有一位同年紀的小朋友一直站在身邊，睜大眼睛看他尿尿，待尿完轉身上樓，耶？那小朋友竟然坐在樓梯板上，雙手撐著下顎，兩眼凝視著門口，一副失神無依的感覺。

此時，許詠志母親阿蝦由屋外踏入，一眼就見到那坐在樓梯口的小孩，本以為是兒子帶回來的朋友，正欲開口招呼，卻見那小朋友站起，一個閃身不見。

筆者注：「隔天阿蝦詢問兒子，許詠志表示，看完歌仔戲回家，就有一位小朋友跟在腳踏車後面。尿尿時，一直瞪大眼睛盯著，詠志閃身，他也跟著轉，就是非看不可。筆者發現，很多故事中，靈異界

的兄弟都在巧遇主角後，又一眨眼功夫消失蹤影。是否如長輩言，眼睛有神，因而眼神和冥界兄弟觸目交集、磁場相吸，它便無法遁形，但眼睛一閉，兄弟們閃過眼神凝視，便能趁機化無。」

你怎不走

採訪時間——民國91年4月23日
講述者——洪素霞，當事者，38歲

民國九十年三月，東安村民許文達（阿達力）夜宿東安活動中心。濛濛睡境中，總被一陣吵雜的聲音驚醒，更惱火的是當眼睛一閉，緊鄰的浴室內廁所馬上「唰！」傳來沖馬桶的流水聲。許文達不動聲色觀察，隱約確定浴室內有七、八個人在交談著，言談中似乎指責許文達占據他們的位置。

隔夜，許文達叫老婆阿蝦至活動中心作伴。剛闔眼，阿蝦就察覺房門外有人閃入，挪步側進床沿，睜大眼睛瞪著他們夫妻，一會兒又回身進入浴室，然後一陣喧嘩，嚷嚷呢喃：「他們怎麼不走？堵到我們的位子。」

阿蝦一怔，這分明在撂狠他們夫妻嘛？趕緊抓起丈夫的手，「文達，來走。」語落，見文達即刻坐起，阿蝦也迅速起身著衣下床。怎奈我們阿達力大哥非但不走，反而發飆開罵：「幹你娘！吵什洨？」說完，倒頭又睡。耶，乖乖，這招有效哦，浴室裡沒輒了，安靜的很，獨獨阿蝦一暝睜眼到天明。

筆者注：「阿蝦本想跟文達嘿咻一下，奈何這幕給人『小生怕怕』的感覺，那來雅興呢？那夜後，許文達不再到活動中心過夜。此外，東安村許清恩也曾經坐在活動中心辦公廳的村長椅子上，莫名奇妙被請下來。」

望安傳奇——

輯五●妖・精・怪

風火輪

採訪時間——民國90年6月17日
講述者——夏文富，當事者，36歲

民國八十五年某個夏天晚上，約九點左右，西安村民夏文富騎機車由西安往中社方向前進。車至水庫下坡處，忽然有一輛機車從左後方急速超車，當車子與夏文富平行時，他感到有股冰涼之氣，便轉頭向左邊一瞧，正巧對方也轉頭向他一瞄，並露出一股酷的樣子，瞬間對方車子急速超越而過，此時，夏文富眼前一陣霧起，前頭機車整台發亮，如同兩個風火輪一樣，並聽見一聲喊：「較量一下！」

文富油門一加，衝出迷霧，隨即「哇」的一聲，原來前方那台機車根本沒有坐人，但是機車排氣管卻排出陣陣黑煙，而且煞車燈一直亮著。夏文富大驚，馬上將車子煞住，眼睜睜望著那台機車繼續向前奔馳，消失於煙霧中。

筆者注：「那台機車應屬野狼一二五CC，但車上的亮光夏文富卻不曾看過。」

長臂

採訪時間——民國90年6月21日
講述者——陳藍罔腰，當事者，79歲

民國二十四年秋天，家住潭門港附近的陳藍罔腰隨母親到水垵村助產。那時望安沒有火力發電，一切仍舊點燈仔火。所以母女兩人趁著天快黑，天空尚有一絲微光，便攜帶產具，步行至五公里遠的水垵村。

產婦是頭胎，生產過程比較費勁，待順產一男孩後，已是半夜凌晨二時許。母女兩人收拾產具，沿剛才路線返回家中，途經布袋港崎頂時，忽然聽到「鈴~鈴~」聲響，母女倆向右邊墳場望去，見一著白衣白褲分不清是男是女的人影，正在墓碑前「擲杯」註，口中尚且喃喃自語，等到母女兩人靠近時，竟然伸出一隻大約五公尺長的手臂攔住去路。

陳藍罔腰的母親便低聲懇求：「好兄弟、好姐妹，請不要擋路，我是賺吃人，幫人接生，做一些功德，請你們放路給我們母女倆回家。」話一停，那五公尺長的手臂慢慢地收回去，最後連墓碑前的鬼影也消失了。

註

「擲杯」即「筶示」。一上一蓋為「聖杯」，二上為「笑杯」，二蓋為「陰杯」。

會飛的棉被

採訪時間——民國90年6月14日

講述者——林國文，當事者丈夫，47歲

民國六十五年，水垵國小（現為海巡駐地）有位許姓女老師租屋在水垵村內。一天假日，艷陽高照，許老師便將涼被攤在咾咕石圍牆上曬。

黃昏時，許老師無意間自屋內向窗外望，竟發現涼被飄動，而當時正值夏季，根本連一絲絲微風都沒有，涼被怎會無風起動呢？因為好奇，許老師便到屋外準備收涼被，奇怪的事就在此時發生：搭在圍牆上的涼被，竟然像被黏住一般，怎麼拉也拉不起來。許老師找來隔壁的老榮民伯伯幫忙，兩人一碰到涼被，涼被忽然騰空飛捲起來，嚇得許老師逃回屋內，而老伯伯卻整個人傻眼了，不知如何是好。

筆者注：「租屋房東有一親戚，正因拿棉被至厝頂尾曬，結果不慎摔死，死後便常常在棉被上作怪，更有房客晚上睡覺時，被棉被壓的怪事，也曾有房客睡到一半，棉被整件飛起來，然後撞黏在玻璃窗上。」

七爺八爺

採訪時間——民國90年6月30日
講述者——林蔡貞，當事者，57歲

民國四十年，花宅村阿貞仔十歲時，怕附近鄰居及阿兵哥偷走雞鴨，家裡的大人通常會派小孩子到山仔（社區外圍空地）顧雞。

一天中午，阿貞關好雞鴨寮，上了門鎖，反身準備回家吃飯，忽然眼前站了一個好幾呎高的「大漢哥」，一搖一擺在她面前晃，嚇得阿貞仔大聲嚎哭，一口氣衝回村內。快步進入村莊時，她發現身旁又一人緊緊跟隨，而且腳程、速度正和她平行齊步；阿貞揣測有人也同自己一樣撞見大漢哥，現在一起逃跑，內心的恐懼逐漸平復，遂把眼睛向旁一瞄……哇！竟是一個身材矮小、不足三呎的矮胖老者「小漢哥」，跌跌撞撞和她並肩齊步。阿貞仔此時已啞口失聲，手腳酸軟。好不容易回家後，媽媽請人為她收驚，阿貞仔才恢復神智，一切告平安。

筆者注：「聽一般老者描述，應該是七爺八爺正在巡視莊頭，庇我村民，恰巧被阿貞仔撞見。」

鑿井

採訪時間——民國90年6月30日
講述者——陳二雄，當事者兒子，65歲

民國三十五年，澎湖地區嚴重缺水，遍地乾旱，村民生活苦不堪言，大家只能祈求上天庇佑，日子一天捱一天的。東安村陳二雄的父親，受左右鄰居請託，開地鑿井，以供民生所需。

阿雄父親所擇的地，就是現在分局前靠左側圍牆外緣，他供奉牲禮敬拜一番後，便動工開挖。一星期後，約鑿地三十米深，仍不見水湧出，甚至連基本的濕沼地也沒有，阿雄父親便詢問合資僱主：「是否還要繼續加深，或者放棄另擇新地？」大夥一陣商議，決定再挖十公尺，如到四十米處仍不見水源才收手。隔天一早，阿雄父親又爬進深井底開挖，鋤頭才剛動，就聽到地底下傳出話聲：「不要再挖下去，我家厝角就要被你挖倒。」阿雄父親一怔，趕緊道歉，並向它詢問該如何才能挖到水源，對方遲疑片刻後回答：「往左邊移半步，加深五米，見水就停。」

筆者注：「舊年代的老者說，陰間的地界應該和人間一樣，它們就生活在地下幾十米深處而已。」

豬母精（一）

採訪時間——民國90年6月1日
講述者——許公敬，75歲

民國四十八年起至六十年代左右，中社村東邊山坡地（現機場位置）俗稱「黑石仔頂」，每天晚上約十時起，就有兩盞鬼火相互追逐，從黑石仔頂一路追趕至潭門港邊，然後再返回黑石仔頂。

飛在前面的火為綠色，大家都說是鬼火，後面那盞火是紅色，就稱是神火。傳說中，那盞綠火是機場宿舍旁一間「陰公廟」註所有，宮仔內有一隻豬母精，只要天一黑就「咯、咯」跑到村內擾亂村民，而花宅廟裡的神祇，便派天兵追趕，多年來就一直反覆你追我趕，豬母精沒害到人，而天兵天將也沒將牠逮著。

直到民國六十七年，望安小型機場建立後，燈火通明，而那兩團燈火就沒再出現了。

筆者注：「訪談中，有多人提起相同故事，例如下一則。」

註

「陰公仔廟」為一般無主孤魂或水流屍，被村民收埋安葬並供奉的小祠。

豬母精（二）

採訪時間——民國90年6月18日
講述者——藍文郎，62歲

民國五十年至六十年代，中社社區入口處往右邊有一條新路，就是現在通往機場方向，在入口處不遠，有一間小「宮仔」，聽說是一隻豬母占穴成精，所以半夜常出沒街道。有時是一團綠火，整夜在馬路上追逐，由現在的望安國中後面順著水庫至尖山仔頂，再轉東邊的黑石仔頂至潭門港，然後返回至水庫旁，一次又一次地飄忽閃爍，初次看見的人都會害怕。

有時天一黑，馬路上就會出現一隻大母豬，見人就追，還不時發出「咯、咯」吼聲。但很奇怪的是，只要豬一發出「咯、咯」聲不久，從花宅廟方向就會出現一團紅火，一路追來，而母豬一見紅火，馬上變成綠火逃跑，然後一趟又一趟的來回追逐。

綁豬

採訪時間——民國90年7月1日
講述者——許呂存心，當事者，67歲

民國六十四年，舊有屠宰場（現西安村菜市場）屠宰老闆許呂存心向村民阿熟購買一隻豬，準備深夜屠宰，明早販賣。當呂存心與助手捆豬時，發覺豬隻特別乖，而且四隻腳感覺已被綁好一般，不到十分鐘，豬已捆好、秤好了。

凌晨三時許，豬灶內已經燒好開水，準備刺血，但呂存心發覺灶外馬路上傳來一陣吵雜聲音，便探頭一望，隨即一聲「唉呦！」只見馬路旁站著一堆人影，吱吱喳喳，七嘴八舌，不知談論些什麼。更可怕的是，那堆人影裡有的缺手、有的缺腳。夜仍甚深，呂存心知道那定是好兄弟，可能是來看她殺豬吧！於是不加理會，仍將豬殺了、剁了，一大早就將豬給賣了。

此事過後三天，半夜呂存心起床上廁所，腳才剛踏出門口半步，忽有一盞綠火從遠方掠近，直落門口埕，接著呂存心生了一場大病，打針吃藥全無效。

筆者注：「後經神明指示，原來那天呂存心要殺的豬，已被好兄弟相中，她卻同一時間先宰了。回想當時捆豬，她就感覺出旁邊有些人影；殺豬時，豬場外也有一堆隱約可見的影子。」

黑豬

採訪時間——民國90年6月3日
講述者——許清源，雜貨店老闆，60歲

民國八十年代，現西安菜市場位置對面原本是舊有的屠宰場，大約七十年至八十年這段期間，偶爾在夜晚十時過後，人們會看見一隻或一堆黑毛豬，在屠宰場旁邊的古井口追逐嬉戲，更發出「咯、咯」的豬叫聲；但只要有人靠近，黑毛豬就跑到井口護牆邊瞬間消失。

民國八十五年，東安村的許吉堆先生（國中校長，已搬至高雄），趁著暑假帶他的三歲小孩回望安渡假。某夜十時左右，父子倆騎車經過屠宰場的古井邊，突然他兒子喊道：「爸爸、爸爸，路上有好多豬弟弟在跑。」許校長一頭霧水，自己雖然常聽此類詭異情事，但小孩根本不懂，那麼今夜所見一定是真的囉。

筆者注：「許校長將此事談開，許清源證實此事，因為雜貨店就在屠宰場附近，他每夜看店至凌晨，時常坐在店門口，只要抬頭張望一下，便可偶遇這第三類接觸。」

三腳貓

採訪時間——民國90年6月7日
講述者——鄭武寬，當事者，61歲

傳說，中社廟邱恩主王爺坐鎮廟中，發現有隻貓精，時常在村內作怪，危害農作物及畜牲。某日貓精經過中社廟前，廟內邱恩主隨即拔劍射出，斷了貓精一隻腳，此後邱恩主王爺若要採新乩童，三腳貓精必出現作怪，搗亂神恩。

民國四十九年春節當兒，正是邱恩主王爺採中社鄭武寬為新乩童，一天武寬睡覺時，發現門口埕有一隻貓在走動，不斷發出「喵、喵」的聲音，接著衝進鄭武寬房內，鑽入床底下。鄭武寬嚇了一大跳，難道真如村民所言，此貓精要來向他挑戰，今天先入侵身體，爾後假借邱恩主王爺欺騙村民？此事藏於鄭武寬內心很久，一段時間後他才釋懷：那隻貓可能只是一隻鄰家小貓罷了。

紅斑

採訪時間——民國90年7月1日
講述者——許呂存心，當事者，67歲

民國八十九年農曆七月二十三日，西安村人許呂存心在中午時分，由家中步行至潭門港，途經現在郵局及電力公司後面的產業道路，當時路旁是一些菜園，呂存心走到某菜園旁，忽然感覺全身發冷，直打哆嗦，前方似有一黑影閃過。返家後，她全身由腳開始，一路至脖子，泛起點點紅斑，經過一天後，紅斑點即變成一個個如同嘴巴吸吮的口印，但不會癢。

呂存心求醫治療大半年，無論打針吃藥，都沒有明顯好轉，後來經請示神明後告知：那天她路過菜園時，被菜園已往生的女主人碰了一下。原來，撫摸呂存心的陰魂，即是親友「市仔」，人雖往生，卻一直懷念生前在菜園裡種菜的生活，時常回到菜園裡工作。那天正巧遇見晚輩呂存心，高興之餘，碰了她身體一下表示招呼，卻讓她因此全身紅腫半年。

黃牛

採訪時間——民國90年7月11日
講述者——許明新，當事者，59歲

民國五十七年夏季，西安村民許明新和許丁丑兩人，半夜到潭門港北邊珊瑚礁潮間帶撿海螺。兩人相約在後寮溝仔（現西安社區牌前）會合一同前往，待步行至坪頂腳產業道路時，兩人同時看見前方不遠處，一墓園的墓碑發出閃爍金光，並且忽大忽小，不斷搖動，一霎時，金光消失，隨後變成一隻黃牛。

許明新和許丁丑硬著頭皮捱近，相隔約三十公尺之際，那頭大黃牛轉眼縮小成一隻羊，在近幾步些，羊變成了狗；等他們走近墓園時，狗不見了，卻跑出一隻白色兔子，在墓碑前蹦蹦跳跳，最後消失於墓丘旁。

筆者注：「許丁丑是陰陽眼，對此類情景已經看多了。故事中的大墓園，其實只是一堆模糊不清的沙堆，事件發生時，卻能變成一大墓園，果真有些蹊蹺。」

人頭馬

採訪時間——民國90年6月14日
講述者——吳明吉，當事者，31歲

民國八十五年，南坪第一公墓改建靈骨塔。工人整地時發現一古老墳墓，開挖後裡面有一具與馬合葬的人骨。

工作期間，所有人員在近中午時刻均會看見一位身材壯碩、六呎高、著戰袍的武將軍，在第一公墓的草原上奔馳，威風凜凜的樣子，就好像電視上所看到的古裝劇一般。到了晚上，人們也常聽見馬跑步的蹄聲及嘶鳴聲。

筆者注：「當事者是納骨塔包商，在靈骨塔完成後，他們將此人骨和馬骨安放塔內，爾後便不再傳出馬匹奔馳聲。經『土公』（葬儀社人員）解釋，此具人和馬合葬的骨頭，研判應該是清朝中葉時期埋在此地。」

不信邪

採訪時間——民國90年6月14日
講述者——趙榮文，警察，32歲

民國六十八年，水垵國小（現海巡部隊營區）整理操場跑道，意外挖掘到一副骷髏。整理跑道的工程人員，隨意將骨骸移至操場圍牆外，挖土就地埋了，連最基本的祭拜也沒有。操場整理完畢後，學生每上體育課時，只要跑到埋骨頭的位置，必定有一兩個小朋友摔倒，就好像有隻腳絆了他們一樣。

有一位體育老師，身體很健碩，他就是不信邪，自己下操場試跑，結果在那個位置連摔兩次，鼻樑骨折，牙齒掉一顆。

筆者注：「後來，學校基於學生安全，請來道士作法，並燒了很多冥紙，此後就不再有學生摔倒的事。會發生這種事，應怪包商，當時若有好好埋葬及祭拜，就不會有受傷事件。」

火焰山

採訪時間——民國90年6月21日
講述者——王進富，當事者，52歲

民國七十四年夏天，水垵村人王進富中午騎機車到望安國小接兩個兒子放學。當車子騎到中社村尖山頂下坡路段，突然機車把手被人按住，整台車子瞬間煞住，後輪翹起，停留在半空中一分多鐘。

王進富大吃一驚，尚未回神，車子後輪卻緩緩落地，如同有人用手輕輕放下一般。他愣了一下，一催油門準備落跑，且慢！怪事又來了，這下換到後輪煞住，前輪騰空打轉，排氣管黑煙直冒。如此來回折騰四、五次後，王進富只好下車，牽著機車走過西安水庫這一段——火焰山。

筆者注：「這應該是遇見搗蛋鬼兄弟吧！王進富接到兒子後，騎車繞道潭門港回水垵。我想王進富的兩個兒子，至今仍不明他父親怎麼會改道。」

牛精

採訪時間——民國90年6月30日

講述者——陳阿彪，當事者大女兒，51歲

民國三十七年，中社村民阿彪的父親及叔叔兩人半夜挑網到花宅港仔圍烏仔魚，兄弟一前一後走著，當經過「公祖宮仔」時，發現前方圍仔（菜園）內有兩隻牛正在吃地瓜葉，阿彪父親放下漁網，抽出扁擔就往菜園裡衝：「幹你娘！通通給你吃光光，那家裡吃什麼？」說罷扁擔就朝牛隻劈去。說時遲、那時快，牛隻中了扁擔一記，發出「哞、哞」聲後，身體竟裂成兩半，隨即倒地化為烏有。阿彪父親心中浮現一陣寒意，轉身叫弟弟快跑，兩人飛奔逃回厝內。

隔天清晨，阿彪父親偕同老婆到圍仔內查看，滿園的蕃薯藤枝盛葉茂的，並沒有被蹂躪糟蹋的樣子。

筆者注：「故事中的牛，一定是牛精，因尚未投胎，半夜現出牛形，偷吃地瓜葉被發現。」

白馬

採訪時間——民國90年7月1日
講述者——陳州雄，當事者弟弟，63歲

民國八十九年六月，東安村民陳州雄姐姐阿麗仔由高雄返回望安渡假，一天黃昏約六點多，她和先生及一名小孫女在街道散步，從望安國中方向往東安社區行走，當步行至現在西安社區牌坊處，突然出現一匹高大白色駿馬在馬路上奔馳，並轉往西安社區活動中心方向而去。返家後，阿麗向陳州雄（阿德仔）稱讚，沒想到望安人也有飼馬，而且養得這麼好，又大又肥，跑起路來快如閃電，馬姿煥發。聽姐姐暢談一番後，阿德愣一下說：「長這麼大，也沒看見望安有人養馬呀！」

筆者注：「經探討後，此白馬定是西安社區牌坊旁邊相公祠的相公爺坐騎。阿麗已結婚三十年了，且長年居住高雄。所以發現白馬後，以為是望安人飼養的。相公祠的相公爺很靈驗，有求必應。」

冒失鬼

採訪時間——民國90年6月21日
講述者——陳藍罔腰，79歲

民國三十年間，一般居民天一黑就關門睡覺，不知怎地，東安村的罔婆卻在凌晨三、四點鐘時，獨自一人在水垵村的北坪頂閒逛，從天黑一直走到黎明，冥冥之中好像有人牽著她手，就這樣濛濛走好幾個時辰。

走著晃著來到潭門港邊，忽然聽見雞叫數聲，罔婆登時整個人跌坐在路中央，被早起餵雞的陳藍罔腰發現，才喚醒半昏眩的罔婆。追查原因，方知她被冒失鬼給搗蛋。

筆者注：「如被冒失鬼作弄，除非聽到雞叫，否則必須碰到石頭或沾到水才能清醒，更嚴重的會帶你去挖墳墓吃骨頭。多年前聽一長者說過，冒失鬼半夜帶了一名女子去挖墳墓，結果被人發現，並叫醒那女子，清醒後的女子發現自己拿著死人骨頭在啃，沒多久便自殺身亡。」

怪手

採訪時間——民國91年2月3日
講述者——許光男，當事人，65歲

民國五十年前後，西安村許光男騎著三輪車到中社賣雜貨，大約傍晚時分，三輪車經過現在往機場道路位置時，忽然出現一隻和正常人相同的手，攔住許光男去路。

許光男假裝沒看見，車子繼續向前行駛，當身體碰觸那隻手之際，手不見了，但他整個人先被一陣涼風拂面，接著是一聲「啪！」，如同被打了一巴掌一樣。許光男不以為意，車照樣往前行

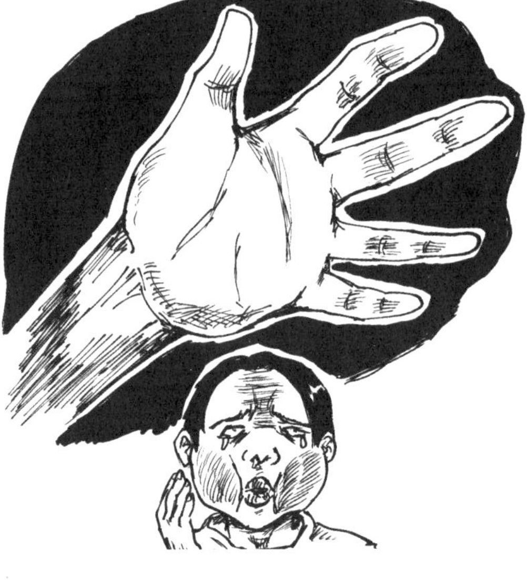

駛，經尖山仔腳至水庫上頭轉彎處，發現前方橋墩護欄旁站立一人，正面對許光男漸漸逼近的三輪車。許光男將車子放慢，那人卻緩緩爬過護欄，往橋墩底下鑽入。好奇的許光男停下車子，低頭向橋下一探究竟，卻什麼也沒發現，轉身回頭開燈之際，眼前赫然又是那隻攔車的手。

筆者注：「那隻攔車的手跟正常人的手一樣，但是只見手，不見人。許光男回家隔天，整個臉頰腫的跟麵龜一樣。」

土地公土地婆

採訪時間——民國91年2月3日
講述者——許光男，65歲；許石山，53歲（共同受訪）

民國五十九年夏天，現在土地公港口的土地廟前，多年前就橫躺著兩塊千斤重的大石頭，平常一般婦女到海邊撿拾海螺，都得繞著旁邊通過，而一些西安村的小朋友到海邊游泳時，偶爾會爬上石頭納涼或聊天。

東安村許英人在住家附近和鄰居閒聊時，無意間提起土地公港口的那兩塊大石頭，鄰居建議許英人去把它打碎，運回來起厝。大夥只是隨口聊聊而已，隔天許英人當真攜帶鐵鎚及鐵鑽，徒步到土地公港。

當許英人到達港口，耶，石頭不見了？原先擋住行走步道的兩塊大石頭，如今已後退三公尺豎立起來，一點也不礙行人通過。

筆者注：「西安村當地漁民聽聞此事，除嘖嘖稱奇外，每當出海前就到那兩塊石頭前膜拜，只要虔誠

者，每艘船都豐收，漁獲滿載。村民深為感恩，於翌年合資新建現有土地公廟，至於那兩塊附有神靈的大石頭，現在仍佇立於土地廟右方，底部半懸在陸地上。筆者自八十三年起任『西安社區發展協會』理事長期間，也曾為土地公廟粉刷油漆；八十四年夏天任西安村長期間，則爭取經費，鋪設土地公港廣場水泥地面。在九十一年六月六日，筆者和許石山及鄰居好友又再次粉飾土地公廟內外牆壁。」

奇怪

採訪時間——民國91年2月10日
講述者——陳麗娟，民航局工友，44歲

民國九十年十二月中旬，望安機場的孫克強先生到東安村找朋友泡茶，約半夜十一時許左右返家。車至西安水庫（舊屠宰場）低窪轉彎處時，發現有一人握著他的機車把手往旁邊的護欄樁撞去，他隨即鎮定地扳回機車方向，但那股特強的力量更加用力推擠，逼得孫克強任其擺布後，連人帶車卡在兩塊護欄中，動彈不得。

時過三刻，正巧碰到西安村長許清上由中社方向騎車經過，才把他喚醒，並合力將車子拉出。

筆者注：「經檢查，機車沒有任何損壞，奇怪的是，兩人輪流啟動，均無法使機車發動。隔日一早聯絡修車人員到場，開關一按，車子順利發動了。」

黑影

採訪時間——民國91年2月21日
講述者——顏成仁，當事者兒子，66歲

民國二十八年冬天，日本軍兵招募地方壯丁，到中社村的北邊風門山造「風林」註，中社村顏成仁的父親被點名，和一批鄰居在風門山腳挑咾咕石。

黃昏五時許，天氣已漸灰暗，顏成仁父親將一擔咾咕石倒下，起身往山腳邁步，忽然間一陣陰風靠近，並發出身軀的汗臭味，顏成仁父親心想可能是日本班長盯上他，便不敢抬頭張望，一股腦兒往山腳下走，然而旁邊的汗臭味一直跟著，一同到堆咾咕石的石塊旁。顏成仁父親利用蹲身撿石塊之際，向四周瞄了一圈，欸，怎麼沒人呢？再抬頭一看，「風林」牆邊排列兩行隊伍，已經整隊等待放工，他趕緊三步併兩步，衝上風門山頂集合，只是人剛踏上「風林」岸邊，原本排列的兩行隊伍竟然不見了，咦？村內三十幾個壯丁怎一下消失？

筆者注：「顏成仁父親返家後，詢問一起工作者，他們說，日本軍宣布收工，大家集合點人數，人員剛好。那個一路跟緊身邊又有汗臭味的人，一定是代替顏成仁父親點名了。」

註

「風林」為日本時代，作為掩護敵軍轟炸的防護牆。

石獅

採訪時間——民國91年2月24日
講述者——張玉花，39歲

多年來一直有個傳說：水垵村往埔船垵萬井厝後壁溝，總有「吱吱」的談話聲，附近人家每到天黑就關門睡覺，而一些半夜前往埔船垵開船出海的查埔人，個個懼怕獨行。

民國八十七年，東安村吳明照受僱在萬井厝後一間古厝整地，預備重建。正值仲夏，天氣涼爽，傍晚九時許阿照仔仍操作怪手，四周旋轉開挖、鏟土，一個不經意的迴轉，竟看

見萬井厝後蹲坐著一隻大石獅，如同廟宇門口那對石獅一般，在燈火照耀下栩栩如生。

筆者注：「故事中的吳明照，對於此類靈異已經習以為常。」

烏雲罩霧

採訪時間——民國91年2月27日
講述者——陳天助，67歲

民國九十年十一月上旬，中社村人葉石劍，在中午飯前騎機車下東安村雜貨店買水果，十五分鐘後折返，車過望安國中下坡約一百五十公尺處，霎時眼前烏雲一片，來不及反應的葉石劍，連人帶機車一起摔倒在地，失去神智。經路人發現後送至台灣就醫，葉石劍已癱瘓在床，下半身失去知覺。

筆者注：「詢問葉石劍本人，出現他眼前的那片雲霧由上飄下，擋住視線及通行，且那霧如同一片木板牆，還讓他有撞上的感覺。」

厝邊的人

採訪時間——民國91年3月11日
講述者——陳曉菁，陳麗香女兒，17歲

民國五十四年夏天，中社村人陳麗香半夜起床上廁所，大廳門一開，一股陰風直撲而來，她心頭一顫，步出門口埕，便見一片烏雲罩霧，擋在面前。陳麗香抬頭，雲霧中一個身高兩百公分的阿伯站在面前，陰暗深邃眼神直瞪陳麗香。

眼看那高大老阿伯伸出右手，張開手掌，緩緩朝陳麗香頭殼降下，陳麗香敏捷地身子一矮，從阿伯腋下鑽出快跑回厝內，心頭一陣鼓盪，耳後傳來一聲：「查某囝仔，別走！」陳麗香躲在窗邊，偷偷窺見門口埕外的老阿伯身高不斷增長，在超過厝頂尾後倏然消失。

筆者注：「經查，那老伯可能是隔壁往生的陳尻先生，據聞爾後仍有出現。」

鬼壓床

採訪時間——民國91年3月16日

講述者——王嘉琪，當事者，28歲

民國九十年某個冬夜，水垵村王嘉琪在自家房內，躺臥在床看書，突然間全身不能動彈，眼神木訥、房內燈光也瞬間灰暗，視線上方的天花板更逐漸變化成古代的房舍形貌。王嘉琪想喊，卻一直無法言語，一股低沉沉的凝結氣壓，使身體及四肢愈來愈沉重。

經過半小時的極力掙扎，王嘉琪終於勉強跳離床鋪，爬起後，她一股腦兒往外就衝……且慢！雖然手握門鎖，但門就是不開，腰部又似被人拉住，且力量大如千百斤重，用眼角餘光掃視，卻什麼也沒看到，她想哭，但連哭聲都發不出。好不容易逃離現場後，王嘉琪鑽進爸、媽的被窩裡，發抖喘氣不止。

筆者注：「房子是自家舊屋翻修整建，怎會如此？」

珊瑚樹

採訪時間——民國91年3月18日
講述者——許阿秀，當事者，58歲

民國六十一年，西安村民許阿秀一日中午路過陳生扁厝西，遠遠就看見一穿黑衣褲人影，站在大排水溝的珊瑚樹旁來回踱步。待許阿秀趨前數步，清楚認出那人形是一中年婦女，但臉型並不清晰。許阿秀見那人一步步往珊瑚樹叢靠近，急忙喊出聲：「不通相偎，有刺！」話落，便見那中年婦女一頭往樹叢內閃身鑽入消失。

筆者注：「許阿秀人稱『大嶼秀』，是陰陽眼，從大嶼（七美）嫁入本鄉。陳生扁厝西在民國七十年前是一條大水溝，由後寮溝（西安社區牌）經西安活動中心、陳生扁厝西、菜市場前流入東安村中宮廟口埕出海，現已被水泥覆蓋。筆者小時候常和同學在此釣青蛙，抓蜻蜓。筆者在上馬公的交通船『光正六號』船上向許阿秀採錄，其大兒子現服役空軍飛官，是望安鄉之光，在此向許大姐祝賀。」

鬼擋路（一）

採訪時間——民國91年3月16日
講述者——許淑芬，當事者，27歲

民國九十年夏夜，東安村的許淑芬及姊妹一同騎車兜風，一路由潭門港往北，經布袋港、鴛鴦窟、水垵村，折返中社村（花宅）。一路三人悠閒自在，徜徉海風吹拂。車入中社村社區，許淑芬心頭一陣顫寒，時值八月涼夏，怎來陣陣飄忽徹骨、椎心之痲？不禁放慢車速，緩緩往南前進，心裡頭一邊嘀咕著，車已到達花宅公園左側馬路上。

這時，我們開路先鋒許淑芬突然緊急

煞車，緊跟在後姊妹也「嘰～」倉促停車，正想大聲撻伐許淑芬一番，還未出口，眾人看見前方三台車距的馬路中間，一堆兩層高的小石塊圍堵路中，根本無法通行。三姊妹霎時傻眼，你我面面相覷，這該怎麼辦呢？

才遲疑五秒鐘，眼前的霧狀小石堆不見了。三姊妹眼一閉，心一橫，時速兩百公里速度衝啊，管他死豬公還是死豬母！

筆者注：「那片霧狀石堆牆，一路如影隨形跟她們到淨水場。回家後，許淑芬發現身上衣服殘留絲絲雪片毛霜，她心有餘悸，多日起居不正常。」

鬼擋路（二）

採訪時間——民國91年4月2日
講述者——王仕倫，當事者，40歲

民國九十一年二月二十七日，適逢元宵節第二夜，東安村民王仕倫參加廟會完畢後，又折返西安村活動中心猜燈謎。時間剛過亥時（晚上九至十一時），王仕倫的大哥大（手機）突然響起，原來是水垵村幾個牌搭子催著要打麻將。他收起行動電話，聽到燈謎：「第二一四題，領航者，猜本鄉地名。」王仕倫墊腳舉手，答道：「頭巾」，台前「咚！」一聲，同時抛出獎品——大衛杜夫香菸乙包，王仕倫拾起獎品，轉身機車一跨便走人。

王仕倫油門一加，飛車經望安國中到西安水庫下坡處，耶，眼前飄然起霧一片，。王仕倫心中一慌，機車趕緊煞住，整個人坐在車上呆愣，雙手起雞皮疙瘩，心臟不住「咚、咚」震動著。經過半分鐘裏足不前，眼前霧氣才緩緩淡散開來。到水垵村後，王仕倫下場連輸一萬兩千元。

筆者注：「猜燈謎時，猜中者，鼓聲『咚』一響。答錯者為『鏘』一聲。」

流淚的雞

採訪時間——民國91年3月
採集者——林昭宏，警察，
親訪當事者，35歲

民國三十年，中社村人曾文致年滿十八歲，依地方習俗，這天要殺雞宰鴨進補，以表成年。曾文致母親叫他自己到雞寮抓雞，看喜歡哪隻大公雞，就抓哪隻。曾文致在雞寮門口向內探詢，發現一隻腮冠鮮紅的大公雞，正合心意，於是開門進入，準備來一場人雞大戰。

當曾文致以半蹲方式，打開雙手圍繞，竟發現那隻他相中的大公雞眼角簌

簌落淚，一動也不動站著，似乎已經知曉命運到此為止。曾文致甩頭向旁邊一看，耶，全雞寮內約五十隻大大小小雞隻，眼眶全部盈滿淚水，一百顆眼睛向著他淌淚，還發出「咕咕咕」的啼叫聲。

曾文致燃起側隱之心，便把所有的雞從雞寮放掉，結果換來一頓毒打。當夜凌晨，睡夢中的曾文致被雞鳴吵醒，大門一開，「哇！」五十隻雞全部排列門口，牠們回來啦。此事後，曾文致母親再也不敢打那五十隻雞的主意，一直飼養到牠們自然死為止。

附身

採訪時間——民國91年3月27日

講述者——吳卓翰，當事者，50歲

民國八十五年夏夜，中社村漁駐所主管吳卓翰到水垵檢查哨所巡班，並和哨所值班員警薛光杉（澎湖白沙鄉人）泡茶，話匣子一開，天南地北胡扯一番。時間爬過晚上九點一刻，忽然哨所外光影閃過，同時所內大燈熄滅，一切都還未及反應，吳卓翰藉由外頭路燈微光發現，站班的薛光杉臉色泛白、口吐白沫，頭部晃個不停，雙手抓起桌上的塑膠茶杯往嘴裡送，接著「吱、吱」大口咀嚼杯子。

這突發狀況嚇傻了吳卓翰，呆愣一會，他趕忙跨前一步抓住薛光杉，用力撬開嘴巴挖出塑膠杯，兩人一拉一扯上演全武行，此時，水垵村一老頭恰巧來哨所報關出海，一看現場情況，迅速加入緝兇行動，硬是把薛光杉按在椅子上，撬開嘴巴，將口裡的雜物清理出來。

筆者注：「哨所前前後後都是墳墓，之前也有同仁被壓的情事。薛光杉在剎那間遭接觸附身，整個人

變形，哨所內的空氣也不對勁，助陣的老阿伯說，以前阿兵哥站哨時，也常有此類事故發生。後來，薛光杉調白沙分局，一次車禍中喪生。」

穩死耶

採訪時間——民國91年3月28日
講述者——陳有德，32歲

民國五十六年前後，中社村民陳博文晚餐後騎腳踏車到花宅港口散步，車剛過上寮（上路）尾陳延井厝南轉彎，就遠遠看見一小女孩牽著一頭牛在他面前約二十步遠，陳博文沒太注意是誰家女孩，一路自由自在地哼著〈望春風〉。

「噹、噹」陳博文按著腳踏車的鈴鐺，示意小女孩將牛牽離，耶？怪哉，前頭小女孩非但沒將牛隻快步牽離，反而停下腳步，瞪了陳博文一眼。同一時間，那頭赤色黃牛，竟然抬高兩隻前腳，以餓虎撲羊姿勢朝陳博文當頭罩下，「死啊……」陳博文不禁大喝一聲：「完了！」這三、四百斤的大黃牛壓頂，不死也半條命，不待躊躇，他雙手即刻合掌，掐合一「已指」註打出，轉瞬間，牛和小女孩化為烏有。陳博文爬起身四周查看，果然見兩團黑影往北逃奔，此時太陽也正好下山。

筆者注：「陳博文為中社廟三太子的乩童。」

註

「已指」為一般廟裡學法者，以雙手合掌及手指合一，變化出各「指」所稱。

跳躍燈火

採訪時間——民國91年3月28日
講述者——陳有德，當事者，32歲

民國七十三年，西安村的陳有德和中社村「阿俠仔」捕臭肉鰮魚。那晚下網在埔船垵港外，入夜十點多，兩千米長的魚網拋完，幾個大人坐在甲板上抽菸，陳有德開始煮點心給大夥吃，起火下鍋二十分鐘，一大鼎麵條就端上甲板，每個人捧碗撈麵，大快朵頤，個個吃得滿頭大汗。

是夜風平浪靜，埔船垵碼頭就在百來公尺遠而已，連路燈也支支可數。幹完第一碗，又回盛第二碗的趙尊，突然叫住陳有德：「你看，埔船垵碼頭有兩盞燈火在跳。」大夥全部跟著朝岸上望：「耶，真有兩盞燈火在跳！」

船上幾個人一邊吃麵，一邊欣賞碼頭上火團飛躍，瞧它一路飛縱，前後追逐，由埔船垵崎頂往下飄，沿路來到碼頭尾端，然後折返。

眾人本以為是有人提燈，但仔細檢視，燈火高度在電線杆之上，且一躍便是好幾十公尺，速度奇快無比。幾回反覆後，燈火落在碼頭尾端，如同放煙火般光亮，隨即擴散消失。

筆者注：「埔船按港崎頂，是一大片墓仔埔。」

不是阿娘

採訪時間——民國91年3月31日
講述者——許陳烏秀，當事者，90歲

民國二十八年前後，西安村人陳烏秀時年二十八歲，當年生活困苦，一邊種田，另一頭得幫丈夫賣魚、補網。待晚上七、八點的時候，又得步行返回中社村娘家，將託付的大兒子帶回。由於陳烏秀怕夜路漆黑，所以每天晚上，中社村的母親都會先到西安水庫（花宅仔港）等待相會，然後再一起結伴回中社村攜兒回家。

那一夜，陳烏秀照例徒步至花宅仔港，一眼便瞧見前方二十公尺處有一人影。陳烏秀心想可能是母親到來，便開口招呼：「阿娘，阿娘呀！」一連喊了兩聲，對方都沒有回應，再上前幾步，怎料那人卻反身向前走，陳烏秀加快腳步邊走邊喊：「阿娘，阿娘呀！」直到上斜坡尖山仔腳，那黑影突然化作一團煙霧消失，嚇得陳烏秀頭皮發麻，疾奔中社村娘家。

筆者注：「剛巧那夜，陳烏秀母親沒有到花宅港相等。陳烏秀於民國九十一年五月十日往生。」

地藏王菩薩

採訪時間——民國91年4月3日
講述者——夏文富、陳文勇（共同受訪）

民國九十年秋天，西安村民夏文富、陳文勇及吳明吉三人受僱到南坪第一公墓建造墳墓。一天黃昏六點多，正在低頭攪拌石灰的夏文富，眼角無意間瞄到：身旁有一穿著黃色大袍的男子，眼睛凝視著在場工作人員。夏文富猛抬頭，耶，那人卻不見了。再把視線拉遠四處探看，便見那莊嚴威武的男子拾步踏著納骨塔台階，進入塔內。

夏文富告知陳文勇及吳明吉，剛剛有個穿黃色大袍的人，吳明吉遽然打斷他接口說：「昨天就看過了。」話畢，眾人抬頭，喲！又來一個穿白衣服的老阿婆，循著墓丘繞圓圈。吳明吉委婉道：「你們看……墓丘邊有一阿婆。」夏文富、陳文勇一看，果真有一身材矮小的老阿婆緩步來回踱步。

筆者注：「穿黃色大袍者，應該是地藏王菩薩。穿白色衣服者，可能是西安村吳清源剛往生的母親。那個墳墓正是她的。那次告別式，筆者也在場，安葬地點距納骨塔一百公尺左右。吳明吉表示，如發現這類朋友，不能抬頭正視，只須用眼角稍微瞄著即可，否則一下子就消失匿蹤。」

老阿伯

採訪時間——民國91年4月13日
講述者——許秀枝，當事者，66歲

民國四十年前後，東安村民許秀枝隨母親、阿嬤及姐姐，一同到西安村天后宮後山菜園拔花生。當年生活困苦，每天工作量大，平均一天有十四小時在「山仔」菜園內工作。一次，天已昏暗，近距離內幾乎無法辨識對方程度，許秀枝阿嬤才肯放下耙子，叫大夥收拾工具回家。

回程時，許秀枝走在最後，忽然感覺有個人影尾隨，於是回身一看，霎時整個人從腳心一陣酸麻、酥癢、臉頰發熱，一顆心快從口中跳出，「啊娘喂！」怎麼身後十來步遠，竟有一老阿伯拄著拐杖，一路跟隨在許秀枝身後。許秀枝趕緊往前跑，插在母親及阿嬤中間，邊走邊又回頭察看，那老阿伯仍一踱一踱跟行，一直走到天后宮的廟後，方才轉身化無。

筆者注：「那天起，老阿伯連續數日出現在菜園內，許秀枝如在菜園這頭，老阿伯就在尾端。天黑了，就跟著她們走回天后宮的廟後，然後消失。」

鑼聲若響

採訪時間——民國91年4月
採集者——林昭宏，警察，當事者，35歲

民國八十七年一個冬夜，水垵村派出所電話突然響起，值班中的林昭宏員警馬上有所感應，心頭一震，整個人開始覺得不舒服，「啊，有事啦！」右手隨即抓起電話，那頭已經劈哩叭啦哭成一團。

來者水垵村伍文進老婆哭訴，丈夫整個人歇斯底里地發飆，待員警趕赴伍家門口，玻璃碎裂聲震耳，衝入客廳，便見伍文進手腳血流如注，口中念念有詞。林昭宏等人費盡九牛二虎之力，才將伍文進制伏在床，手腳綑綁，一夜到天明。清醒後的伍文進，始終不知昨夜鬧事情形。問他手腳會痛嗎?他卻說沒感覺，並自言道，自己經常發生此類情形，耳邊不時有鑼鼓震耳之聲。

筆者注：「此篇故事與〈釣有嘸〉恰有相似。」

那不是你的

採訪時間——民國91年4月
採集者——林昭宏，警察，35歲

民國八十八年夏天，台北來了一群大學生，在中社村及水垵村古厝內進行各類考究及論文寫作。其中有位劉姓學生，在水垵村一間古厝內發現大廳供桌有一破舊香爐，年代約有百年，他一時興起，順手將香爐帶走，飛回台北。

殊不知，代誌大條呀，劉姓學生回家後，每天從起床到就寢，都發現有一影子前後跟隨，甚至轉身太快時，還有碰撞的觸覺，害他胸部隱隱作痛。騎機車

出門也總是和人擦撞，或是被推倒在地，而一份兼差的工作更莫名其妙被辭退。劉姓學生鎮日處在昏沉之中，思緒全亂，而家人也感同身受，戰戰兢兢，惟恐又出紕漏，卻始終無法查出原因。

自澎湖返家後一星期，劉姓學生打開行李袋，取出帶回的香爐，心胸赫然一震，「啊，糟了！」一切謎底揭曉，事不疑遲，台北到馬公機票一買，攜帶香爐直奔澎湖，回到望安鄉的水垵村古厝，物歸原主，請你們原諒別見怪。

筆者注：「林昭宏警察發現這位劉姓大學生一直在古厝門口徘徊，經上前詢問，才知曉原委。香爐歸位後，他且虔誠膜拜一番，請求先人原諒。半個月後，劉姓學生打電話至水垵村派出所向員警道謝，並言明生活已恢復正常。」

蛇精

採訪時間——民國91年4月

採集者——林昭宏，警察，35歲

民國六十九年五月，水垵村民王萬添到菜園裡種地瓜，忽然聽到貓的低聲哀嚎，王萬添抬頭四周張望，見到一條大蟒蛇嘴裡咬著一隻貓，而貓的後半身已含在蛇的口中，只露出貓頭及前腳在半空中掙扎，一見王萬添立即發出求助的哀聲。王萬添挪前兩步，探採貓後的大蟒蛇，哇！他登時傻眼，眼前此怪物至少有八公尺長，身如大腿粗，那對眼神充滿咄咄逼人的殺氣，光看就足夠讓人腳軟。王萬添眼見小貓快成蛇腹中物，那淒聲泣嚎也怪可憐的，於是下跪乞求大蛇道：「你大概修煉百年以上了，不知和這貓有何仇恨，吃牠對你修行有礙，不如放了牠，我滿雞寮的雞讓你吃。」

更詭異的是，大蟒蛇聽了王萬添的話後，竟吐出原本緊咬的小花貓，一個迴旋鑽入草叢不見。

筆者注：「那之後王萬添真的每日供一隻雞，大蟒蛇也吃了雞，持續三個月後，蛇，升了。」

死亡筆記本

採訪時間——民國91年4月

採集者——林昭宏，警察，35歲

民國六十八年，中社村民顏白布從事人稱「土公仔」的撿骨工作。由於多年經驗，對一般懸疑之事皆能有言在先，事後確有八九不離十的高命中率。一日，顏白布偶遇管區員警林昭宏，閒聊中提及本身有預測能力，可掌握望安鄉中社村及水垵村老者何時會過世，而這攤能否上門。

嘿嘿，這可激起林昭宏興趣，板凳一坐，請他詳細道來。顏白布遂轉身進入房間，在林昭宏眼前拿出一本破舊不堪的筆記簿：「大人呀，這本子內的人名，會按照我寫的順序死去，名字有畫線的，就是已經死了。」

林昭宏半信半疑，接過一翻，欸，簿子內的名諱，皆是水垵村及中社村這些年相繼往生的村民，而簿內筆跡不像是最近填入，是有幾分可信度。顏白布看看管區，察覺林昭宏仍有疑惑，為證明自己的本領是真的，「大人，你不信，我帶你去看一樣東西。」隨後邁步轉入倉庫，林昭宏也尾隨一探究竟。進入倉庫後，內有一副檜木棺材橫放兩條板凳上，顏白布道：「只要半夜聽棺材一動，就知有人死掉，而這攤我賺到。」

這一席話嚇著林昭宏，怎有如此玄虛之事？他突感心臟跳動不定，雙手發麻，臉龐繃緊，便迅速掉頭向外衝。

筆者注：「顏白布有口吃毛病。那日顏白布尚且有言，接下來會是水垵村誰家老母過世，再來就是中村曾姓老人，但今天我把祕密說破，那只好我去替死囉。按顏白布的筆記簿記載，果真後來水垵村有一老婦人往生。原本接下是中社村曾姓老人，但預言破格，民國八十六年十二月中旬，顏白布在沒有特殊病痛的情況下死亡。八十七年初，中社村曾姓老者也走了。」

捉弄

採訪時間——民國91年5月8日
講述者——許碧華，當事者母親，43歲

民國九十年七月，西安村人許光輝及堂弟許正緯傍晚騎車兜風，兩人由中街仔往中社村方向緩進。車剛過望安國中下坡處，突然背後一股沉甸甸的冷風掠過許光輝肩膀，霎時機車頓住無法前進，前後兩輪空轉。而一旁的許正緯身受同感，整個人臉色呆滯，全身繃緊，機車也不由自主緩緩前衝，一直到中社社區才停止。

至於許光輝，他仍意識朦朧坐在機車上，腦中雖清楚知道機車仍繼續打轉，卻沒能將車子移動半步，眼見許正緯自顧自向前駛離，同時路上其他騎士，也一輛一輛由後方超車而過，眾人都對他視而不見。

許光輝不由得哽咽、抽搐，正當此時，堂弟許正緯折返而來，待兩人相會之際，「啪」地一聲，機車能動了！兩人加足馬力快衝，上下嘴唇不住顫抖，逃回家後，足足半個小時說不出話來，對看才知彼此都一臉白箭箭。

筆者注：「在望安國中校後下坡處，也就是西安水庫位置，路人被捉弄或攔車等事已屢見不鮮，卻也每回都讓巧遇者膽顫心驚。」

望安傳奇——

輯六 ● 濱海奇談

你還不回家（一）

採訪時間——民國90年6月13日
講述者——許明健，當事者，26歲

民國八十八年夏天，當天是農曆七月十四，東安村民許明健和女朋友在西安村大瀨仔及長瀨仔白沙灣一帶談情說愛，正當兩人卿卿我我之際，忽然背後傳來：「這麼晚了，還不回去。」許明健和女朋友同時回頭一瞧，卻什麼也沒發現，四周空蕩蕩的，心想可能是朋友來捉弄他們，所以並不加思索，繼續和女朋友聊天敘情。

約過一炷香的時間，忽然間四周空氣凝結，寒冷無比，如同進入冰窖一般，使兩人不禁打起哆嗦，等到意識稍微平復，卻見眼前二十公尺處一團黑影閃過，輪廓身形壯碩，身高約有一百八十公分左右，正當兩人認為一切歸於平靜，旋即一陣怒吼聲劃破寂靜的夜空：「這麼暗呀，還不回家?」

兩人驚魂未定，怒吼聲再度響起，嚇破膽的許明健和女友拔腿就跑，速度之快，一百公尺大概不用十秒鐘。

筆者注：「民國初年，大瀨仔白沙灣曾是望安第二公墓。大瀨仔白沙灣夏天是綠蠵龜上岸產卵的地方，到了晚上就剩幾個巡護員，別人是不會去的。」

你還不回家（二）

採訪時間——民國90年6月3日
講述者——吳清源，57歲

民國八十年，東安村民吳峯雄中午到鯉魚山及門仔邊圍網，當他收網準備從門仔邊移到鯉魚山時，門仔邊鐵塔附近傳來聲音：「還不回家?」吳峯雄抬頭張望，卻沒瞧見周邊有人，再把眼睛看遠，方圓幾百公尺內，除了他自己以外，就幾隻牛在吃草，怎會有人叫他呢?

吳峯雄扛著網和魚簍往鯉魚山走，大約步行五十公尺，忽有石頭從鐵塔上方滾下的聲音，吳峯雄抬頭，看見一個人影站在鐵塔旁：「還不回去?」話落，人影便消失了。

把魚簍和網子一甩，僅穿著內褲的吳峯雄拔腿就衝，一路千里遙迢，怎麼不見我家呢。

從那次起，吳峯雄就再也沒去鯉魚山一帶圍網。

埔船垵

採訪時間——民國90年6月30日

講述者——高榮富，當事者，22歲

民國八十二年，水垵村民高榮富，半夜騎車至西港碼頭，準備撈象魚（臭肚）。機車一離開社區，就碰見路中央有人攔車：此人中等身材，年紀約在五十歲左右，待高榮富的車靠近時，卻不見蹤影。

高榮富照樣前往碼頭，順著碼頭階梯放下漁撈，然後點燃一根香菸，看看天空，無意間瞥見碼頭尾端也有一人提著照明燈，一樣放漁撈。高榮富對順口問道：「撈有沒？」對方回應：「四、五斤啦。」，高榮富卻仍聽不出是誰的聲音，乾脆過去一探究竟。對方似乎也會意高榮富靠近，頭一低，便將手中的照明燈吹熄，頓時周遭一片漆黑。等高榮富挪近時，一個人影也沒有。剛才那和自己對話的人，就站在碼頭尾端，除非跳海，否則怎會憑空消失？

筆者注：「高榮富遇此類事件頗多，但始終不肯多說，因為他是夜貓族。」

六人七影

採訪時間——民國90年6月25日

講述者——陳蔡阿善（阿仙），當事者，54歲

民國五十年夏夜，阿仙和幾位年輕同伴，提著紅色土燈仔火，從水垵村步行至鴛鴦窟撿海螺。到達鴛鴦窟後，卻發現海水尚未退潮，無法下岩石旁撿珠螺、捉章魚，於是幾人就近找塊大石頭旁等候，熄燈聊天。

過了約一刻鐘時間，大夥忽然發現：明明六個人蹲在岩石旁，沙灘上卻拉長七條人影，眾人一愣，不知該如何是好，尤其七條人影中，有一影子特長、特寬，證明是男人身影，而她們六個都是女子。正當大夥緊張害怕之際，那人影忽然站起：「你們來撿海螺啊?」隨後人影便不見了。

遇見此景，大家趕緊把竹簍、螺勾一收，今天不幹了，回家吃自己吧！剛邁開腳步，都還來不及走，岩壁上一大塊大石頭正對準她們六人滾下，霎那間眾人齊喊：「啊！穩死耶！」說時遲、那時快，大石頭在她們正前方五公尺坡上頓住，同時間，整個鴛鴦窟傳來陣陣回音：

「哈～哈～哈～免驚！」

筆者注：「筆者追問那塊停在半山腰的石頭後來是否落下？阿仙回答，自那次起就沒再去鴛鴦窟了，所以不知還有那顆大石頭否。」

查無此人

採訪時間——民國90年6月20日
講述者——陳益昌，當事者，32歲

民國八十六年秋天，有人跟警局密報：西安村土地公港有走私彈藥，警員陳益昌、黃一忠兩人被派至土地公港埋伏查緝。到了半夜十一時左右，黃一忠自埋伏地點探頭往南邊的大瀨仔白沙灘望去，隱約看見一人鬼鬼祟祟，於是和陳益昌一前一後靠近，抵達現場後，卻沒發現任何蹤影，包括沙灘上也未有新增加的腳印。陳益昌兩人摸摸後腦勺，又退回原埋伏地點。

一會，陳益昌再探頭巡察四周，發現剛才同一地點，又有一人影閃閃爍爍。陳益昌掏槍在前，黃一忠在後面二十公尺處掩護前進，當兩人迂迴到現場時，四周仍舊一片寂靜，只聽見海浪聲，其餘均無異樣。陳益昌說，當晚就這樣來回走了三趟，整顆心愈走愈忐忑不安，連手腳都發冷。

大頭鬼

採訪時間——民國90年5月28日

講述者——陳二雄，當事者，62歲

民國五十二年，現潭門港是本地漁船泊港所在，村民夏天抓臭肉鰮魚，因為潮汐關係，有時半夜就返回港區。

阿雄當年二十四歲，一天深夜，阿雄他們的船返港，待船泊牢後，大夥便各自返家，只留下煮飯的阿雄整理船艙。大約在清晨三、四點鐘左右，阿雄才沿著馬路徒步回家，就在粿仔頭位置（電力公司及農會旁），眼前突然出現一個人，此人的頭比臉盆還大，半走半搖頭，好像快要跌倒的樣子，一路往粿仔頭旁的砲台方向離去。

筆者注：「砲台位置就在農會旁邊，目前已被銀合歡的樹枝全部掩蓋。此故事和〈六呎四〉相似。」

圍什麼

採訪時間——民國90年6月3日
講述者——許岡修，鄉公所技師，31歲

民國七十年，東安村的有福、有福嫂、阿蛟及岡修四人到門仔邊圍網，時間約在晚間十點左右，有福帶著阿蛟及岡修下水圍烏仔魚，有福嫂自己一人留在岸上等待。

是夜沒有月亮，周遭漆黑一片，只見幾顆零散的星星及對岸將軍島的路燈。天氣很好加上海風徐徐，讓人感覺非常舒服。

有福嫂不覺有些睡意，連連打呵欠，忽然間，周邊傳來吵雜的聲音，仔細一聽：「看那三個小子，把我們要下網的地方占去了，那我們圍什麼？」

有福嫂一愣，說的不正是自己的先生及兩個朋友嗎？於是抬頭尋找聲音來源，是否自己認識的鄰居也來下網。

只是搜遍整個門仔邊，卻沒找著說話的人，有福嫂正納悶時，瞧見水上有七八個人影，一浮一沉的，好像也在下網，她心想哪有人手腳那麼敏捷的，連整網都不必就下水去了。

有福等人上岸後，有福嫂趨前詢問，剛在水裡的那些人是誰，有福朝水邊一探：「妳在說什麼！哪有其他的人呢？」有福嫂看了看，果真水面平靜無痕，哪來的人呢。

採紫菜

採訪時間——民國90年6月25日
講述者——陳蔡阿善（阿仙），當事者，54歲

民國五十年冬天，水垵村「阿仙」（現為西安村陳迫祿老婆），約十三、四歲時跟母親到東籠採紫菜。當阿仙和母親及鄰居五、六個大人到達東籠，另一頭三十公尺處已蹲了七、八個人，正在採紫菜。大夥心想今天晚到，紫菜已被人先採了，不知要從哪兒著手，卻聽到聲聲招呼：「來這兒摘，這裡的比較長又多。」

大家爭先恐後往聲音處跑去，突然看見他們一起抬頭，「哎呀！」阿仙等人一陣驚呼，差點暈倒，原來那七、八個頭裹圍巾的人，圍巾底下都沒有五官，個個是平面光滑的石頭。所有的人拔腿就跑，背後卻不斷傳來：「來喔，來喔，這兒的紫菜比較多啦……」

筆者注：「東籠位在望安本島東北方位，岩石陡峭光滑，受東北季風吹襲，加上潮汐落差很大，岩石因而半日曬，半海水，紫菜就在這生長，每年冬季本地人在此採紫菜販售，利潤很好。」

釣臭肚

採訪時間——民國90年6月20日
講述者——楊人和，當事者，28歲

民國八十七年夏天，東安村民楊人和自己一人在門仔邊釣魚。時間愈接近黃昏時，魚訊愈好，魚一條一條的上鉤，雖然潮水已經退很遠了，此時通常大家都收竿，魚也不會大咬，但奇怪的是今天特別好釣，只要釣竿一甩，就有魚上鉤。

楊人和一小時釣起巴掌大的臭肚（象魚）三十幾條，正當再鉤好餌，準備用力一拋時，忽然聽到一句：「你釣有沒有？」回頭一看，四周幾百公尺之內，並無半人，且海上也沒過往船隻。過了五分鐘後，又聽到更高分貝的聲音：「你釣有沒有？」這下嚇壞了楊人和，釣具一收，機車速度比波音七四七飛機還快地直衝回家。

筆者注：「楊人和說，那人的聲音好像在指責他沒告訴釣多少魚。說完此故事後，楊人和也表明，自事件發生到現在，不敢再去門仔邊海域釣魚。」

搶紋石

採訪時間——民國91年2月21日
講述者——許建國，當事者，40歲

民國六十三年夏天，西安村許建國及許國良兩人到土地公港北邊的「粒仔」（凸塭）挖寶石（紋石），兩個小孩一邊挖寶石一邊游泳戲水。太陽由西邊的海平線緩緩落下，時間約六點半左右，建國無意間在一個大石頭縫發現寶石，於是和國良輪流用鐵鎚敲打。

天色漸暗，寶石卻仍留在石縫中無法取出，兩人又捨不得回家，正游移之際，海灘邊的瓊麻林中，忽然飄出一黑影，一面發出「吱、吱」聲響而來。建國和國良見狀拔腿就跑，建國邊跑邊回頭，看見那飄忽人影像卡通片裡的巫婆一般，黑嘛嘛，兩手且隨風飄呀飄。黑影一路尾隨他倆至村內，才化於無。

帆船

採訪時間——民國91年2月
採集者——林昭宏，警察，35歲

民國六十五年初夏，水垵村民高阿瓦的父親開著舢舨船出港抓小管，船隻出港不久，便見前方西北方向有一艘帆船拋錨歇息。高阿瓦父親將船放慢速度，定眼一觀，哎呀，帆船上有人，且身上所穿衣物全是古代的長袍馬掛，更有女生走動，也有小孩子在甲板上追逐。高阿瓦父親揉揉眼睛，捏著大腿，證明自己清醒，再度往前一瞧，果真是一艘大帆船。

小管也不抓了，他趕緊返港告知左右鄰居，待大夥出海查看，卻什麼也沒發現。此後，高阿瓦父親只要每天一出港，那艘古代帆船就泊在埔船垵港外，一浮一沉地隨波逐流，一連數月如此。高阿瓦父親精神不堪其擾，三個月後將船隻賣掉。

筆者注：「經多方詢問，相傳很久以前，是有一艘大帆船沉沒於此。」

軍艦

採訪時間——民國90年2月
採集者——林昭宏，警察，35歲

民國八十年夏天，水垵村人伍文成（哈馬）夥同三四個好友到埔船垵港，通往天台山山腳的樹林抓老鷹。

那一夜，大家提著照明燈及「黏貼」（一般用來黏蒼蠅或蟑螂的貼紙），沿著埔船垵往南步行約五十公尺，赫然發現前方天台山洞口泊一艘大軍艦，艦上人員排成一列，將一箱箱的木盒子往洞內接駁。伍文成見狀告知旁邊朋友，並相約摸索靠近，一探究竟。

在視線可及的暗處躲藏後，每人瞪大眼睛，看著船上人員接駁槍枝，一一往洞內傳送堆積。大夥互使眼色，一同逼近，耶?軍艦卻不見了。一陣折騰後，伍文成等人返回原處，然一轉身，那軍艦又出現了，船上也依然燈火通明。幾番折返，伍文成說一靠近該地，就無軍艦，但相隔一定距離後，它便又出現。

筆者注：「筆者多方詢問下發現，可能是日本時代的日本軍艦運輸槍枝情形。伍文成為前述故事〈釣有嘸〉中出現的伍文進的弟弟。」

蜘蛛人

採訪時間——民國91年2月

採集者——林昭宏，親訪當事者，35歲

民國九十年元月晚上，水垵村的陳有中到西洞尾夜釣，時間在八時左右，突然感覺有人從後頭山上拋石頭下來，陳有中抬頭一望，西洞尾山上站立一人，遠遠對著他，但從外型判斷又不知是誰，而石塊仍舊一塊塊砸下。

血氣方剛的陳有中怎能忍受，開口便罵：「幹！」語音未落，便見那人從四十公尺高的山上跳落。陳有中嚇

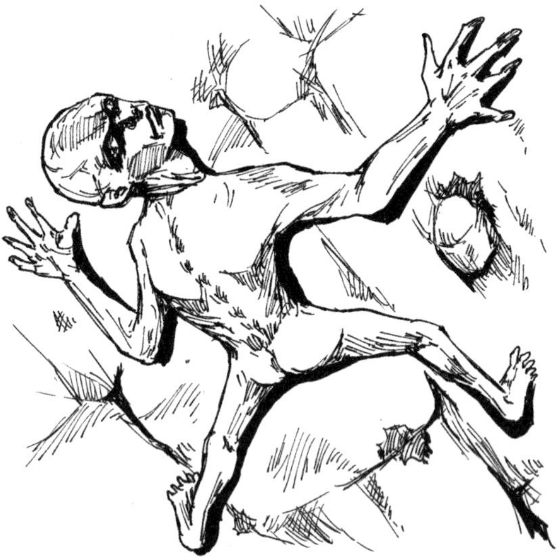

得「啊」一聲大叫，隨即爬上山察看。

一上山頂，不容陳有中喘氣歇息，只見那跳崖的人影竟緊貼在石壁上，如同蜘蛛一般成一大字形，且一上一下滑動著，唉呦！各位看倌，陳有中隨即整個人都崩潰跌坐地上，一顆心差點從口中嘔出，他立刻不管三七二十一，拔腿就跑。

莫名其妙

採訪時間——民國91年2月

採集者——林昭宏，警察，35歲

民國八十九年八月，中社村民曾武雄擔任夜間海龜巡護員。凌晨許，他由中社村花宅港往北巡邏，查看綠蠵龜產卵的動靜。曾武雄點燃香菸，順便看看手中腕錶，時間在兩點鐘整，距離海龜上岸產卵潮尚有一小時左右，於是找個岩石歇息一下。

突然，有一重力往曾武雄的後腦勺砸下，其力道之重有如鐵鎚一般，曾武雄一個回身站起，心中暗罵：「幹……有誰那麼大膽，敢打我頭殼？」邊幹邊搜尋花宅港四面海域，卻無發現任何人影。

曾武雄摸摸後腦勺又坐了下來，手中香菸再吸一口，煙霧還未吐出，半空中倏忽一股旋風劃破寂靜的紅塵，接著，晴天霹靂，雷電交加，「碰碰」兩聲，迎面而至。這突如其來的襲擊，讓曾武雄火冒三丈、眼出火星，手上香菸一丟：「幹你娘，有鬼！」話停，剛剛的鐵鎚拳又正中他下顎，痛得曾武雄七孔糾成一團，手電筒及點心全拋，三步當兩步逃呀！

筆者注：「之後曾武雄的臉瘀青了好幾天。本鄉為海龜（綠蠵龜）保護區，每年夏天五至十月，均有海洋大學學生到此做訪查及記錄生態。本鄉尚有一座海龜博物館，位於潭門港偏北。」

火球

採訪時間——民國91年3月12日
講述者——陳淑美，當事者孫女，33歲

民國五十年某農曆初一，東安村人陳淑美的祖母及小姑阿環，約了鄰居多位阿姨一起到潭門港（現郵局對面）撿海螺，刺紅章魚。一夥婦女共乘隔壁阿長的三輪車至大墓口，抵達現場後，各自分散撿海螺，兩人一組共用一支土燈仔火。

一群人彼此距離都在百公尺之內，能互相聽到聲音，雖然初一沒有月亮，但海岸線滿是大家的嘻笑聲，不時大喊「我抓到大螃蟹！」或者「鉤到大章魚！」如此豐收，時間猶然飛逝，到了初夜九時許，阿長在岸上連按三輪車「叭叭」，催大夥回家。

一堆查某人踩著蹣跚步伐，自沙灘往岸上而來，陳淑美祖母剛邁開腳步，就瞧見一顆接一顆的火球從眼前的小山丘上（現萬善同歸墓園上方）滾下，一路滾到阿長三輪車旁消失。同時間，十來個婦女接連發出「哇、哇」大叫，感覺自己腳跟被滾燙物品砸到，然而卻什麼也沒發現。陳淑美的祖母默默在口中喃喃道：「好兄弟，別捉弄。」語畢，果然沒物事再滑下，大夥趕緊上車開溜。

筆者注：「陳淑美祖母是陰陽眼。這一突發事件，只有祖母看見，其他人並無發覺異樣，只感到被石頭般無形物體砸到腳跟而已。」

刺章魚

採訪時間——民國91年3月
採集者——林昭宏，警察，35歲

民國八十四年初夏，水垵村張志忠邀阿仁到水垵宮後港撿海螺、刺章魚。那日正值農曆初一，數百公尺沙灘上，一些平常在沿岸迴游的章魚及各類海螺，個個癱在岩隙旁。張志忠順應潮間帶海線，往西洞尾方向逐浪前進，嘿嘿，此景怪哉喔，通常是三不五時才能撿到一顆海螺、刺到一隻章魚，今日滿地遍野，海螺和章魚成堆，連成一線，向外海延伸。張志忠未思慮太久，腳步跨出，雙手齊下。

相距三、四十公尺外的阿仁，一臉訝異看著張志忠怎往深海破水而去，一副萬夫莫敵的壯舉姿態?事有蹊蹺，阿仁不管岩石陡滑，連忙快步攔截。長腳快手的阿仁趨前，一面喝住張志忠，再加一記吃奶的左勾拳，才鎮住張志忠混沌的涉水腳程。頃刻，海水隨即鼓漲及胸，兩人竹簍一摜，濺水狂奔。

筆者注：「張志忠回憶當時情景，見整片海域淺灘、岩石週邊，全是章魚，抓不勝抓。阿仁則言，明明看見滿簍海螺及章魚，然喚醒張志忠後，漁簍雖完好，章魚卻空空，而突來的海水灌頂，如同洪水暴漲一般。讓他們措手不及。九十一年三月二十七日，西安村許秋月小姐到加油站找筆者，看完本篇初稿表示，同村的陳金菊夫婦及東安村的王武弘，分別在布袋港及鴛鴦窟遇過此事。」

回到老地方

採訪時間——民國91年3月
採集者——林昭宏，警察，35歲

民國七十八年夏夜，中社村人曾萬郁帶著玻璃絲網到花宅港北邊圍網，網一放完，隨即上岸等潮汐。停約一炷香時間，曾萬郁喝了口米酒暖暖身，蛙鏡掛上，循著淺灘游出，人一靠近網，潛入水中一探：「哇，爽啦！」滿網全是魚，整張玻璃絲網快被擠壓下沉，曾萬郁按耐不住快活心境，今夜卯死啦！

然說來詭異，一百公尺長的網子，平常只要半小時即可收齊上岸，今夜卻足足使勁三個鐘頭，才勉強將網拖離水面。等到曾萬郁將網攤開，側身捉來魚簍準備裝魚，耶，魚呢？

筆者注：「明明網目中，鑽滿各式魚類，怎麼一轉身全都不見了？經查詢，據聞此地十年前有一村民圍網，不慎溺死，這日正是滿十年忌日。」

拉兄弟一把

採訪時間——民國91年3月27日
講述者——吳卓翰，當事者，50歲

民國八十五年夏夜，中社村漁駐所主管吳卓翰閒來無事，騎車到花宅港碼頭晃晃，吹吹海風。車剛到碼頭邊，就瞧見一堆年輕小夥子在喝酒，對方也識出吳主任到來，連連招呼，硬是舉杯乾了。三杯下肚，吳卓翰連忙推託等會兒還有勤務，不能喝酒，以擋連番灌酒。且說，那夥人酒後半巡，在場的莊信保站起，跌跌撞撞往海裡跨步，大夥以為他去尿尿，也就不加理會，兩人一組划起台灣拳。

都說大事來臨之前，會大雨滂沱，雷厲風行，可惜今日，並無異舉，只見一散步老者低聲微言：「那人吃水了。」話音一落，低頭飲酒的小子們，個個才抬起頭張望，唉呦！剛剛下場尿尿的莊信保，怎麼在水裡咕嚕咕嚕掙扎不起，奄奄一息？快呀！大夥酒杯一擲，救人去也。五、六年輕力壯小夥子，竟費了九牛二虎之力，才將五十公斤不到的莊信保拉起，而被搭救的莊信保躺在岸上，臉色蒼白，手腳痙攣，找來他媽春秀一番安撫後，事件才告落幕。

筆者注：「幾個喝酒的年輕人，僅和莊信保離三公尺距離而已，這應該是障眼法阻撓。後來，春秀燒了一堆冥紙，口中念念有詞。料想水裡的兄弟可能是莊信保兄長，多年前在此學游泳溺斃。」

王船

採訪時間——民國91年3月28日
講述者——陳有德，32歲

民國六十年左右，西安村民陳冠達到土地公港撿貝殼，一路由土地公港順著沙灘往南行走，一個轉彎來到「深埠港仔」，就蹲身尋找貝殼。拾著望著，不意間抬頭向海一看，哇！好漂亮的一艘大帆船。陳冠達挺直腰桿，睜大眼睛仔細觀賞這艘大船，耶?事有蹊蹺哦，怎麼船隻停在海中央，船底卻不著海水，而且每一逐波拍打船身時，即自行退去。

好奇、好動的陳冠達俯身抓起一把小石頭，對著帆船投擲，眼見每顆石頭均確切落在船上，但落地所發出的聲響，卻是一般丟入水中的「咚」聲而已。

筆者注：「陳冠達那年十歲，接連投擲二十幾塊石頭，明明打在船上，卻全是落水的聲響及海水濺花的景象。他回家叫父親來察看，大帆船已消失不見。筆者按一般猜想，這艘船應該是五府千歲爺的坐船，俗稱『王船』。」

將爺

採訪時間——民國91年4月22日
講述者——江鉅華，當事者，36歲

民國九十一年三月中旬，東安村人江鉅華到土地公港口釣魚，時間約在中午十一時許，江鉅華將釣竿向港區甩出，然後把釣桿壓在屁股下，摸出口袋裡的香菸，正點著打火機，眼睛同時向前方一瞥：哎，距離三、四百公尺的大瀨仔白沙灣，水面上怎有一人打赤膊，彷彿是個中年男人，肩上挑著扁擔，兩頭掛著沉甸甸的竹簍，弓著背，撩水輕佻上岸，還一搖一擺橫行至南勢砲台。

江鉅華伸長脖子再看，哇塞！只見那人走起路來像「八家將」的頭首將爺，怎麼看都不像現代人，如同螃蟹一般，除了雙手按在扁擔上搖擺外，整個人還手舞足蹈著，由砲台方向往土地公港掠沙而來。當下，江鉅華頭皮一麻，心頭發顫，釣竿一收，避之為妙。

筆者注：「土地公港至大瀨仔白沙灣，大約有五百公尺，而中間有兩座砲台，第一個北勢砲台距離為

三百公尺，第二個南勢砲台則在四百公尺位置。第二砲台旁是望安第二公墓地，多起靈異故事，均在第二個砲台發生。」

望安傳奇——

後記

每個望安人心中，都有一本鬼故事——作者陳朝虹訪談

採訪時間——民國114年6月7日
講述者——陳朝虹，本書作者，62歲
採訪者——呂伊庭
整理——鄒欣寧

問：請問您當時是在什麼機緣下，動念採集望安的在地奇聞？

答： 我從小就非常怕鬼。早年我們鄉下的廁所都是蓋在屋外，不像現在是在屋內。而且我們這個小地方，以前晚上會限電，所以天一黑就很暗，我要上廁所時，都要我媽媽在廁所外面等，因為我不敢一個人在廁所裡待著，而且我會一直叫我媽媽不斷回應我，不回應我就會怕到哭出來。

這種對鬼魅根深柢固的恐懼，也跟從小聽長輩口耳相傳一些他們親身經歷的鬼故事

有關。在鄉下，人們常常聚在一起聊天，除了聊家常瑣事、喝酒打牌，最常聊的就是鬼。大家常常說起誰在哪裡遇到鬼，我心裡又害怕又愛聽。等到長大以後，我自己就遇過兩次。這兩次遇鬼的經驗，讓我逐漸生出記錄鬼故事的想法。

問：您自己遇到鬼？是什麼時候的事呢？

答：第一次是我四十幾歲的時候，那天我記得特別清楚，是農曆七月二十八日，因為是我們當地廟宇一尊神明的生日。早上大約五點，我就從家裡出發，步行到廟裡去拜拜。經過一間古厝（三合院），那時天已經亮了，人走路眼睛總會飄來飄去嘛，我就一邊走一邊從那三合院的門口往門埕看進去，就看到一個鄰居從廂房經過大門走過去。那個人我認識，比我年長約十歲，但他三十一、二歲的時候就往生了，如果還活著，應該五十多歲了，但他還是像生前三十歲的樣子，而且身上穿的衣服也是從前常穿的那套，一件像吊嘎的背心，搭配卡其短褲。

看到他的時候，我還試圖叫他，但他完全沒有回頭，只是一直朝前走，直到從我的視線中消失。那間厝已經沒人住了，但從前他曾住在裡面。我想，原來是這個大哥哥回來了，我看得清清楚楚。

第二次也是發生在農曆七月，那次是一位住在我家隔壁的阿婆。她過世之後，她的兒子和媳婦就遷居高雄，但因為信基督教，沒有把家裡的神主牌位一起遷走。按照習俗，七月半子孫要回來祭拜，但他們家已人去樓空，沒有人回來拜拜。到了農曆七月十四的晚上，我在房間睡覺時，聽到窗外傳來一陣陣哭聲。我家跟她家只隔著一道防火巷，聲音清清楚楚，而且哭個不停，我聽了至少半小時。

第二天早上，我把這件事告訴我媽媽，我媽立刻斥我「黑白講」，但是在我隔壁房間的伯母也聽到了，她只是淡淡地說：「昨暝回來找子孫找嘸，哭了一晚。」我伯母本身也常遇到這類事情，但她並不害怕，也不會特別提起。

後來又有一次，我跟幾個同輩晚上一起去海邊看綠蠵龜上岸生蛋，在等綠蠵龜的時候，大夥躺在白色沙灘上，一面吸菸一面看星星，接著又講起鬼故事。其中一個人把菸頭彈了出去，掉到兩、三公尺遠的沙上，通常菸頭的火星不就會慢慢消去？但我們所有人都看到，那個菸頭開始動起來，大家心裡馬上一毛，但都是年輕人，就站起身衝過去看，結果咧？原來是螃蟹用螯把菸頭夾起來橫著走。

從那時候開始，我就跟朋友說，假如我來把大家講的鬼故事搜集記錄起來，不是很好嗎？之後我就開始著手。

問：採集工作是如何進行的呢？

答：我從二〇〇〇年開始搜集，一開始只是隨緣搜集，遇到身邊的人講起我就記下來，但光靠這樣故事沒那麼多，所以就開始訪問，遇到誰就問誰，尤其是問那些長輩，結果長輩每個人心裡都有一本鬼故事，大家好厲害，遇到幾個鬼幾個鬼……滔滔不絕！尤其讓我印象深刻的是一位已故的鄉公所課長，我之前訪問他時，他甚至能精確地說出故事發生的年月日。當時每聽到一個故事，我就先記在筆記簿上，前前後後採訪了大約一百人，等到二〇〇二年蒐集採訪得差不多了，我就開始寫作。

剛剛說，我其實從小就怕鬼，所以寫作期間對我也是很大的挑戰。那時候，我晚上一個人在加油站值夜，就利用時間在辦公室寫。你知道我寫到有多害怕嗎？我不但不敢開窗戶，甚至不敢上樓睡覺，非要等到我老婆忙完家裡的事情，來加油站陪我，我才敢上樓睡覺。我就是這麼害怕！

寫作時，我會盡量讓自己「深入其境」，好像故事中的主角就是我自己，導致寫到後來，我甚至開始出現一些類似憂鬱症或恐慌症的症狀……但也是這樣子才好玩。

問：在採集故事的時候，是否有顧及區域性？例如望安島上的四個村落都要盡量兼顧採集？

答：我採集的範圍多在東安村和西安村，因為我在東安這邊生活，家在西安村，東西安是連在一起的，所以大部分人都有採訪到。在中社村，我也訪問了少部分的人，其中有位九十歲的阿婆，是從中社嫁過來我們西安的，我對她非常尊敬和疼愛。人家都說長輩疼小孩，但我是小孩疼長輩，我特別疼這位阿婆，因此她才願意跟我講這些她從未告訴別人的故事。在我訪問完她之後的四十天，這位阿婆就過世了，我的書中也提到這件事。她過世後，遺體被送往馬公，那天剛好遇到下大雨，我也特地坐船到馬公送她最後一程。

至於水垵村，則是有一位馬公調來的警察（**編按：即多個故事的「採集者」林昭宏**），知道我在搜集跟寫鬼故事後，他也很感興趣，就幫我蒐集了二十個故事。其中有個年輕人帶走古厝香爐的故事（**編按：詳見輯五〈那不是你的〉**），就是他告訴我的，因為那個年輕人帶香爐回來望安的時候，不敢自己拿回去原來的古厝，就找了當地派出所，將整個故事告訴警察，他就陪著那個年輕人把香爐放回了原位。

問：您印象中鬼故事最多的區域落在哪裡？我們在編輯整理的過程中，發現撞鬼密度最高的似乎是望安國中往西安水庫的路上……

答：西安水庫那條路，是連接東西安和中社村的唯一一條柏油路，它有一段很大的上下坡，那裡流傳的故事主要是跟一個小女孩有關。

民國五十幾年時，望安這裡的駐軍部隊配有一輛公務車，類似載客的公車，可以幫忙載客，到了國民義務教育推行後，這輛公車也載學生。公車司機是一位榮民，兩年前才以百歲高齡往生。當時他開車從東西垵前往中社，經過那個大坡後，在水庫附近輾到一個小學四年級的女生。因為從頭部輾過，導致臉皮整個翻起，死狀淒慘。

我曾經採訪過她的同班同學，她們以前上課是兩人共用一張桌子，小女孩往生後，她的那半邊桌子就一直空著，老師也教大家不要動那張桌子，以表達對同學的懷念。奇怪的是，校舍厝腳頂的小燕子，從小女孩往生後就會不時飛進教室停在那張桌上，大家也都心照不宣。

為什麼會知道小女孩往生時臉皮翻起呢？因為我們這裡開始有醫生和衛生所之後，

醫生也會利用中午時間，騎著機車、背著醫藥包去中社和水垵看診。有一次，醫生從我們這邊騎下去，剛爬上中社，就遇到那個小女孩拉住機車，拜託他幫她擦藥，隨後就對他露出臉皮翻起的慘景。**（編按：即輯一〈那個女孩〉所述故事）**這位醫生是從馬公來的，雖然嚇了一跳，但他見過許多生死，所以還算鎮定，後來他回到衛生所，把這件事告訴護士，護士才把小女孩的車禍事件告訴醫生，後來這件事就在我們這裡傳開了。

隨著時間過去，她還是一直在那條路上遊盪，但好像「長大」了，人們晚上騎機車經過，車燈常會照到她。「長大」的她總是穿著白色洋裝，就像我們以前說的鬼故事，鬼魂多半身穿白色或黑色那樣。她常會靠著路邊，或坐在橋墩上，眼睛望向路外，不會看著馬路，所以經過的人多半是看到她的背影。有一次，有人遇到她攔車託人幫她做媒，說她想「嫁尪」**（見輯二〈我要嫁尪〉）**；也有人因為對她吹口哨而不知不覺載了她一程**（見輯二〈望安女孩〉）**……關於她的故事，至少有二、三十個版本流傳。

問：您在每則故事後多會附上個人注記，請問當時是如何想到用這樣的形式書寫記錄？

答：因為我要證明這些鬼故事的真實性，不是我瞎掰的，是我花了大量心力採訪來的。我會明確記錄每次訪問的對象，請他們具體說明故事發生的年分或大致時間，每個故事都有真實的來源跟依據，不像有些書是胡編的。我總共採訪了一百多人，確實是親身投入這件事，記錄下來的也來自親身經歷者或見證者的口述。

問：《望安傳奇》編纂成書後，如今再次出版，您對此書兩度面世有何期待？

答：書稿完成、我修改到自認滿意後，去高雄找了一間印刷廠，花了幾萬元將書印出來，因為是自費出書，也沒有販售，印了不到一百本。在地的朋友都很好奇，爭相傳閱，又或是遇到像你們這樣對故事有興趣的朋友，我就會贈送一本。有一次，我記得有個陌生人打電話給我，詢問可不可以將我的內容發布到網路上，我欣然同意，他就在PTT轉載了我的故事。也有不認識的朋友徵得我同意，把書中內容重新繕打後上傳到部落格。

這次重新出版這本書，就特別感謝你們，看到之前寫的內容能再次被出版，我高興到晚上睡不著覺。以望安來說，我們的人口逐漸老化，而且大家現在多半玩手機，真正會看書的人愈來愈少。年紀較大的長輩，一方面缺乏閱讀的資源，另一方面，現代人很難靜下心來讀密密麻麻的小字，連我自己有時都覺得字太小看不清楚。如果沒有書，就無法廣泛傳播、引起人們的好奇心。

講到這裡，我想到之前我聽過一些國中、國小的鬼故事，但我怕嚇到小孩子，都沒寫到書中。等到我書寫好之後，我送幾本去給國中、國小，結果他們很高興，尤其是高年級的孩子讀了之後，等到九月開學，大學剛畢業的新老師來報到，高年級學生就會帶這些新老師去看「我們這裡鬧鬼的地方」，哈！

澎湖怪談妖獸多？！望安傳奇——在地採集實錄

作者｜陳朝虹
封面及內頁插畫｜羅宜凡
封面設計｜Tsenglee
內頁排版｜青春生技
主編｜歐佩佩
責任編輯｜鄒欣寧
協力編輯｜林容年

出版｜離島出版有限公司
總編輯｜何欣潔
地址｜108 台北市萬華區中華路一段 170 之 2 號 1 樓
網址｜offshoreislands.online
電話｜(02) 2371-0300

發行｜遠足文化事業股份有限公司（讀書共和國出版集團）
地址｜231 新北市新店區民權路 108-2 號 9 樓
電話｜(02) 2218-1417　傳眞｜(02) 2218-1142
電子信箱｜service@bookrep.com.tw
郵政帳號｜19504465（戶名：遠足文化事業股份有限公司）
客服電話｜0800-221-029　團體訂購｜(02)2218-1717 分機 1124
網址｜www.bookrep.com.tw
法律顧問｜華洋法律事務所／蘇文生律師
印製｜沐春行銷創意有限公司
初版一刷｜2025 年 8 月

定價｜450 元
ISBN ｜978-626-99959-0-5
書號｜3KIL0001

國家圖書館出版品預行編目 (CIP) 資料

澎湖怪談妖獸多?! 望安傳奇：在地採集實錄／陳朝虹著.
-- 初版. 臺北市：離島出版有限公司出版；新北市：
遠足文化事業股份有限公司發行，2025.08
336 面；12.8×18.8 公分.

ISBN 978-626-99959-0-5(平裝)

1..CST: 鬼靈 2.CST: 傳說 3.CST: 民間故事 4.CST: 澎湖縣望安鄉
298.6　　11401062